KB202312

Leadership Training Models

Leadership Training Models A Self-Study Manual
For Evaluating And Designing Training
by J. Robert Clinton

Copyright © 2006 by Barnabas Publishers,
2175 North Holliston Ave. Altadena, CA. 91001, U.S.A.
All rights reserved.

Korean Translation Copyright © 2009 by the Hanuel Christian Book House
45-8 Cheongnyangni-dong, Dongdaemun-gu, Seoul, Korea

효과적인 리더십 계발 이렇게 하라!

지은이 J.로버트 클린턴 •옮긴이 임경철 •펴낸이 이재승 •펴낸곳 하늘기획 •등록번호 제22-469호 (1998) •주소
서울특별시 동대문구 청량리 1동 45-8호 •총판 하늘유통 •전화번호 031-947-7777 •팩시밀리 031-947-9753
•I S B N 978-89-923-2084-9(03230)

초 판 1쇄 2009년 9월 1일

본 저작물의 한국어판 저작권은 도서출판 하늘기획이 소유합니다.
저작권법에 의해 한국 내에서 보호를 받는 저작물이므로 무단 전재와 무단 복제를 금합니다.

효과적인 리더십 계발 이렇게 하라!

원제 : 리더십 훈련 모델론 Leadership Training Models

LEADERSHIP TRAINING MODELS

| J. 로버트 클린턴 지음
| 임경철 옮김

저자 서문

리더십 훈련 모델론 한국어판에 붙여

이 곳 풀러 선교 대학원에서 나는 ML 540 클래스인 리더십 훈련 모델론을 한동안 가르치지 않았다. 그러다가 3년 전인 2005년 그 클래스를 다시 가르치기 시작하면서, 나는 예전에 쓰던 교과서가 시대에 뒤떨어짐을 인식하게 되었다. 그래서, 나는 교과서를 개정하게 되었는데, 바로 그 개정된 내용이 나의 제자인 임경철 교수를 통하여 한국어로 번역되어 나오게 된 것을 매우 기쁘게 생각한다.

이것은 교실 수업에 부수적인 자료로 사용되기 위한 자기 학습 교과서이다. 이 교과서는 다음과 같은 세 단원으로 구성되어 있다.

제1부. 배경과 개관(Background and Overview)
제2부. 평가나 디자인을 위한 두 개의 주요 훈련모델
　　　(Two Major Models for Evaluation or Design)

제3부. 세 가지 훈련 형식의 확장
(Expanding the Three Training Modes)

이 교과서의 강점은 명료하다. 거의 모든 크리스챤 리더들은 그들이 처한 상황에서 독특하게 디자인된 훈련모델을 필요로 함을 발견하게 될 것이다. 그들은 그 독특한 상황에 맞는 훈련모델을 결코 돈으로 살 수 없을 것이다. 대신, 어떤 이는 그 상황에 맞는 훈련 모델을 디자인 해야만 한다. 이 교과서는 바로 그 훈련 개념들을 알려준다. 그리고, 그 훈련개념들은 각 상황을 위한 독특한 훈련 모델을 디자인 할 수 있도록 도와줄 것이다.

만약 당신이 리더들을 계발하는 일에 관심을 가지고 있다면, 훈련 프로그램을 어떻게 디자인하는지를 알 필요가 있을 것이다. 바로 그 점이 이 교과서의 강점이다. 이러한 훈련 개념들을 공부하고 파악함으로서, 당신은 목표들을 성취하도록 하는 훈련 프로그램을 디자인 할 수 있게 될 것이라 확신한다.

축복드리며,

미국 캘리포니아 파사데나에서
J. Robert(Bobby) Clinton

역자 후기

　이 시대에 한국교회의 상황을 보면 리더와 리더십의 이슈가 중요한 이슈로 떠올라서 그에 관한 관심도 고조되고 있고, 리더십 책들도 많이 팔리고 있다. 우리는 역사와 경험을 통하여 한사람의 지도자의 중요성을 너무나도 잘 알고 있다. 한 사람의 정치 지도자에 의해 한 국가의 운명이 좌우되고, 지도자 한 사람의 영향력에 의해 한 도시와 마을, 각 단체들 그리고 개 교회까지도 결정적으로 영향을 미치게 되는 것을 우리는 쉽게 볼 수 있다. 인류의 역사상 최고의 리더십인 예수님께서 그의 제자들을 훈련을 통하여 변화시켰다. 여기에서 중요한 원리는 사람은 훈련을 통하여 변화된다는 사실이다. 이 책은 크리스천 리더십의 계발과 훈련에 초점이 맞추어져 있지만, 한 지역교회나 선교단체에 있어서도 똑같은 원리가 적용된다. 지역교회의 리더인 담임목사가 변화되면 그 교회는 반드시 변화된다. 담임목사가 성장하면 그 교회는 성장하는 것이 자연스럽고 당연한 결과이다.

　리더십신학과 이론은 성경신학의 관점에서 창세기부터 요한계시록까지의 하나님의 구속의 역사를 이루어 나가실 때, 하나님께서 주권적으로 그의 종을 부르시고 어떻게 준비하며 훈련, 계발하여 지도자(Leader)로 세워서 하나님의 구속의 역사를 이루시는가를 리더십의 관점에서 연구, 분석하여 체계적인 신학과 이론, 그리고 방법론을 정립하는 학문이라고 할 수 있다. 일반적으로 리더십 이론은 자질론과 계발론으로 분류 할 수 있는데, 자질론에 대해서는 명목적으로 리더가 되기 위한 성경적인 자질, 성품, 인격에 관한 말씀들과 필요한 기술들만을 열거하는데 치중되어 있고, 반면에 계발론에 관해서는 거의 언급조차 하지 않고, 성경적이면서 실제적인 그리고 하나의 체계를 갖춘 리더십 계발이론과 방법론은 찾아보기 힘든 상황이라고 말할 수 있다.

그러나, 전문적인 리더십신학과 리더십이론의 연구, 계발의 역사는 그다지 오래되지 않았고, 더군다나 리더십의 자질론에 대해서는 이런 저런 관점에서 연구되고 쓰인 서적들은 시중에 많이 있지만, 리더십의 계발론에 대해서는 미국적 상황에서 쓰인 로버트 클린턴(J. Robert Clinton)의 리더십계발이론(Leadership Development Theory)이 있으나, 그 외에는 거의 찾아보기 어려운 실정이다. 여기에서 중요한 사실은 리더십의 계발은 훈련을 통하여 이루어진다는 사실이다. 예수님께서도 예수님을 계승할 열 두 제자를 부르시어 교육만이 아니라 공생애동안 그의 제자들을 훈련을 통하여 그들의 리더십을 계발하셨던 것이다. 그러므로 우리에게 절실히 필요한 것은 리더십 계발을 위한 성경적이고 효과적인 훈련학과 훈련 모델론이다.

우리는 이 시대에 부응하여 하나님께서 기뻐하시며 이 시대의 상황에 적합한 리더들을 계발하며 참된 성경적 리더십을 창출하여 주의 몸 된 교회의 존재 목적인 지상 최대의 명령, "모든 족속으로 제자를 삼으라, 즉 모든 족속가운데서 세상의 빛과 소금으로 영향력을 미칠 수 있는 주님의 제자-크리스천 리더십을 세우라"는 명령을 효과적으로 성취하여 하나님께 영광을 돌릴 수 있기를 간절히 소망한다. 이러한 관점에서 이 책은 먼저 자신의 리더십을 계발하고 또한 다른 사람들의 리더십의 계발을 효과적으로 돕는 훈련 모델론의 교과서로서 탁월한 책이라고 여겨져서 역자로서 적극적으로 추천하는 바이다.

2009년 9월 1일
역자 임 경 철

본서의 개관

이 자기학습(Self-Study) 매뉴얼의 개관-수정된 드래프트

이 책은 풀러 신학교의 세계선교대학원에서 사용되어지고 있는 자습서의 수정본이다. 이 책은 ML 540 리더십 훈련 모델들--리더십 전공 과정과 연계해서 사용된다. 이 책의 원본 드래프트는 1982년에 만들어졌다. 나는 이 책을 1980년대에 반복적으로 사용했다. 1990년대에는 다른 교수가 훈련모델들에 관해 강의했고, 2005년과 2006년에 내가 다시 이 과목을 가르쳤다. 나는 예전의 원본 드래프트를 2005년과 2006년에 두 개의 다른 클래스에서 사용했다. 그 결과 그 원본 드래프트의 내용을 개정할 필요가 있었고, 이 책은 개정판이다.

인식적이며, 감성적이며, 능동적이며 그리고 경험적인 강조

이 책을 사용하는 과정은 인식적(cognitive), 감성적(affective), 능동적(conative), 경험적(experiential)인 목표들을 다루게 된다. 이 책 자체는 우선적으로 인식적이고 감성적인 목표들의 분야에서 일하도록 제작되었으며, 능동적이고 경험적인 목표들의 분야에서는 최소한의 내용만을 다룬다. 이 과정의 주요한 인식적인 요점이 이 책에 다뤄진다. 그것은 이 책에 나타난 모델들과 관점들인데, 이는 학생들이 훈련을 분석하거나 평가하거나 혹은 훈련을 디자인하기 위해 사용할 것들이다. 이 책은 읽기 자료들과 함께 사용되어진다. 그 읽기 자료들은 분석되었거나, 혹은 어떤 특별한 상황을 위해 디자인된 훈련의 예화들을 포함한다.

피드백 부분들은 일반적으로 인식적인 강조를 직접적으로 다루는 질문들과 과제들이다. 감성적인 강조를 다루는 질문들도 자주 나타나게 될 것이다. 때로는 능동적이고 경험적인 강조를 다루는 과제나 질문들도 있을 것이다. 그리고 감성적이고 능동적이며 경험적인 과제들이 읽기자료들과 연관되어 자주 나타날 것이다.

참고할 수 있는 학습 페이지 배치

이 책은 자료를 먼저 빠르게 훑어보고 그 후에 참고할 수 있는 학습이 가능하도록 제작되었다. 페이지의 맨 위에 있는 라벨들은 그 장에서 토론되는 주요 개념을 제시 한다. 페이지의 중간 왼쪽 밑에 있는 라벨들은 오른쪽에 있는 자료 블록과 동일하다. 정보를 중심적으로 다루는 결론 부분에는 피드백 연습이라고 불리는 연습문제들이 있을 것이다. 이 연습문제들은 배운 개념들을 당신의 개인적 경험과 관련된 상황에 적용 할 수 있는 당신의 능력을 시험 할 것이다. 그것들은 먼저 인식적인 개념을 당신이 변화한 것을 다룰 것이고 또한 다음으로 감성적이고 경험적인 목표를 시험하려 할 것이다. 이 교과서와 같이 보통 자습서의 특징은 피드백 문제가 답을 가지고 있어 학생들이 그들의 답을 확인 할 수 있게 한다. 이 교과서는 특히나 자주 그러할 것이다. 하지만 몇몇 질문이나 문제들은 답을 제시하지 않을 것이다. 그러한 질문들은 현재의 학생들 개인과 관계 되는 것이나 결과를 다루는 것들이다. 그렇기 때문에 답이 주어지지 않을 수 있다. 이러한 것들은 별다른 참고 없이 학생 스스로가 답을 확인할 수 있다.

그러나 답이 주어지지 않는 문제들이 빈번히 나타나는 이유는 그것들이 수업과정에서 소그룹들의 토론을 위한 기초로서 사용되어지도록 하기 위함이다. 이러한 소그룹들의 배경 속에서 개념이 인식되었는지 부족한지를 확인 할 수 있다. 또한 감성적인 학습이나 역동적인 반응으로 바꿀 수 있는 기회를 제공 할 수 있다. 요약하자면, 때로 독특한 대답들이 나올 때 몇 개의 답들은 그룹 스터디에 의해 보다 나은 답을 찾을 수 있을 것이다. 그러하기에 이 책을 여러분들 스스로가 공부할 것을 권면함과 동시에 소그룹을 통하여 공부하기를 바란다.

자기학습 교과서의 전체적 구조

이 교과서는 3개의 주요한 부분들로 나뉜다.
제1부. 훈련의 개관과 공식훈련(Formal Training)을
        위한 두 철학들
제2부. 평가 혹은 디자인을 위한 두 주요 모델들
제3부. 세 가지 훈련 모델의 확장: 공식(Formal),
        무형식(Non-Formal), 비공식(Informal) 모델들

제1부는 모든 훈련 모델들의 근저에 깔려있는 3개의 훈련 유형들을 소개한다. 그것은 또한 두 가지의 훈련 철학-전통적 학교 모델(Traditional Schooling Model)과 계발 모델(Developmental Model)에 관해 말한다. 이 매뉴얼은 계발 모델의 핵심적인 요소들을 주창하고 있다.

제2부는 이미 진행되고 있는 훈련의 평가와 상황의 필요를 채우기 위한 새 훈련의 디자인을 위한 두 가지의 주요 모델들을 보여준다. 거의 모든 조직체의 사역자들과 목사들과 선교사들은 그들의 상황들의 필요를 채우기 위한 훈련을 디자인해야만 하는 독특한 상황들에 처한 자신들을 발견한다. 가끔은 그들이 어디선가 사용되고 있는 훈련들을 채택할 수 있겠지만, 그/그녀의 독특한 상황에 맞는 특별한 훈련모델을 찾기란 쉽지 않을 것이다. 제시된 두개의 모델들-홀랜드의 두 트랙 비유(Holland's Two-Track Analogy)과 개정된 시스템 모델(The Adapted Systems Model)들이 훈련을 평가하거나 독특한 상황에 맞는 훈련을 디자인하기에 매우 유익하다.

제3부는 제1부에 소개된 세 가지의 훈련 유형들을 확장하고 또한 그 세 가지 유형들(공식, 무형식, 그리고 비공식)에 적합한 다양한 훈련 모델들과 관련된 많은 자세한 내용들을 제공한다. 많은 훈련 모델들이 묘사된다.

보통 주어진 훈련 상황은 여러 개의 훈련 모델들의 복합 형태로 마무리된다. 제1부는 훈련을 평가하기 위해 필요한 전반적인 개념들을 제공한다. 제2부 주어진 상황을 복합적인 상태로 묘사하는 다양한 모델들을 제공한다. 제3부는 이미 사용된 한 묶음의 모델들 전체를 묘사한다.

위에 있는 3부(three parts)의 각각은 여러 장(chapters)들로 나뉘어진다. 각각의 장들은 주요한 섹션들로, 각각의 섹션들은 주요한 개념들로 나뉜다. 각각의 주요한 개념은 하나 내지 두 페이지들에 다루어진다. 페이지의 제일 위에 있는 작은 제목들(labels)은 다루어질 주요 개념을 명료하게 알려준다. 주요 개념 안에는 문단 같은 글 토막(units, 블록이라고 불리운다)들이 있는데, 그것은 각 주요개념과 독특한 방식으로 직접적으로 연결되어 있는 것이다. 이 문단 같은 글 토막들(blocks)은 각각 왼쪽 여백에 작은 제목을 가질 것인데 그것은 더 작은 토막의 기능을 알려주는 것이다. 이러한 모듈같은(modular-like), 지정된 글 토막들의 사용은 빠르게 전체를 훑어보는 일(rapid scanning)과, 나중 참고 학습(later referential learning)을 가능하게 할 것이다. 보통 주요한 개념의 결론 부분에는 피드백 섹션이 있을 것인데, 이것은 당신이 그 주요 개념과 얼마나 상호작용을 잘하고 있는지 확인해 줄 것이다. 때로는 피드백 섹션들이 비슷한 주요한 개념들을 그룹으로 묶은 후에 나오기도 할 것이다.

이 교과서의 강점(thrust)은 약간의 훈련의 경험을 가진 분에게 모든 주어진 훈련 상황을 분석하고 평가하는 일을 가능하게 하는 도구들을 제공한다는 점이다. 그와 같은 도구들을 가진 사람은 주어진 독특한 상황에 맞는 훈련 모델을 디자인 할 수 있을 것이다.

| 목 차 |

LEADERSHIP TRAINING MODEL

LEADERSHIP TRAINING MODEL

LEADERSHIP TRAINING MODELS

제1부 훈련의 개관과
공식 훈련의
두 가지 철학

제1부를 위한 개론과 목표 :
훈련의 개관과 공식 훈련의 두 철학들

제1부는 훈련을 평가하기에 유익한 전반적인 관점들을 소개한다. 교육에 관한 두개의 매우 넓은 안목들이 먼저 소개 된다. 패트리시아 해리슨 박사(Dr. Patricia Harrison)가 이 두 개의 전체 조망들을 요약해 주었다. 당신은 이 책에서 주장하는 그 철학이 해리슨의 두 번째 전반적 철학--계발 모델(developmental model)--안에 묘사된 것의 많은 부분들과 같은 경향을 보인다는 것을 곧 발견하게 될 것이다. 이 전반적인 철학의 중심에는 한 개인의 전반적인 리더십 선별 과정(overall leadership selection process)을 위한 훈련을 개조하기 위한 필요가 자리 잡고 있다. 제1장은 공식; 무형식; 비공식 세 가지 훈련 유형들의 개관을 소개할 것이다.

목 표

1. 당신은 해리슨의 두 가지 철학들인 '학교 모델(The Schooling Model)'과 '계발 모델(The Developmental Model)'과 익숙해져야 한다. 그렇게 함으로서 당신은 어떤 훈련 상황이 주어지든지 이 두 관점에 비추어서 토론할 수 있게 될 것이다.

2. 당신은 일반적인 방법 안에서 그 세 가지의 훈련의 기초유형들을 인식해야만 한다.

코멘트(Comment)

　나중에 제3부에서 공식, 무형식, 비공식 훈련유형의 세 가지 훈련 유형들의 자세하고 충분한 설명과 예화들을 포함하여 소개할 것이다.

1장 공식 훈련의 두 가지 철학

　　어떤 사람은 훈련 프로그램 저변에 깔려있는 철학을 인식하는 것이 중요하다는 것을 느낀다. 이러한 이유로 제1장은 2개의 훈련에 관한 대표적인 철학적 관점을 정의한다. 해리슨 박사(Dr. Patricia Harrison)는 현재 거의 모든 서양에서 사용되고 있는 교육에 관한 두 철학적 접근을 분류하였다. 교육시스템들의 압도적 다수는 '전통적인 학교 모델(The Traditional Schooling Model)'을 사용 하고 있다. 그러나 '계발 모델(The Developmental Model)'을 채택하고 있는 소수의 교육 변화 단체(educational change agents)들이 있다. 이번 코스에서 우리에게 제안될 많은 관점들은 '계발모델'에서 나온 것이다. 우리는 '전통적인 학교모델'에서도 몇 개의 관점들을 사용 할 것이다. 이러한 것들은 당신으로 하여금 교육에 관한 넓은 관점들을 기억하기 위해 훈련을 분석하는데 도움이 될 것이다. 더불어, 당신은 이 책에 소개된 모든 다양하고 구체적이며 개인적인 훈련 모델들을 분류하는 데 사용될 세 가지 훈련 유형들에 관해 소개받게 될 것이다.

목 표

1. 당신은 두 모델들 각각의 기본적 특징들을 나열 할 수 있어야 한다.
2. 당신은 두 모델들로부터 나온 요소들을 대조하고 비교할 수 있어야 한다.
3. 당신이 어떠한 훈련 상황이든 그것을 분석할 때 훈련 디자인에 관한 모델들의 어떤 쪽이 든지 미치는 영향들을 볼 수 있어야 한다.
4. 당신은 그 세가지 훈련 유형들을 개략적으로 알아야만 한다.

코멘트

훈련 상황에 관련된 사람들은 주어진 모델을 그들이 따르고 있다는 것을 꼭 인식할 필요는 없다. 그들은 성장해 나갈 것이고, 이러한 모델의 결과로 나타나게 될 것이다. 그 결과로 그들은 이러한 문화적 접근에서 정상적이거나 논리적인 접근 같은 훈련을 은연중에 따르게 될 것이다. 다른 문화 가치들에 있어서와 마찬가지로, 그들은 교육에 대한 그들의 접근이 정상적이고 옳은 접근 이라는 것을 가정한다.

알림(Acknowledgment)

이 곳에 기술된 두 가지 모델들에 관한 정보는 1982년 가을 동안 풀러 신학교 세계선교대학원 수업과 관계하여 해리슨 박사(Dr. Patricia Harrison)에 의해 주어진 자료로 부터 얻어진 것이다. 해리슨 박사는 풀러 신학교 세계선교대학원 객원교수였다. 그녀는 전 세계에 걸친 훈련 상황들에 관한 그녀의 교육 자문 사역(educational consultant work)으로 유명하다.

1) 전통적인 학교교육 모델과 피드백

대부분의 서양인들은 '전통적인 학교모델'을 통하여 그들의 세속적인 학교생활을 훈련 받았다. 그것은 그리스적 지식의 관점(Greek view of knowledge)에 바탕을 둔 것이다. 이 모델의 독특한 것은 암묵적 전제조건들(implicit presuppositions)이 많음에 있다. 말콤 노울레스(Malcolm Knowles)는 1930년대 중반 이 모델에 깔려있는 중요한 전제조건들이 어떻게 더 이상 작용하지 아니하는지에 관해 지적해 왔다.

학교교육 모델은 다음과 같은 특징이 있다.

● 지식적 관점 : 그리스적 지식의 관점.

● 목 표: 교육은 축적되어진 지식의 습득이다. 따라서, 교육의 목표는 그 축적된 지식을 학생들이 습득하는지를 보는 데에 있다.

● 설정(Setting): 교육은 정규 강의들을 듣기 위해 학교 건물로 가는 것을 의미한다.

● 구 조: 오직 조직된 공식교육만이 가치 있다. 학위와 인증(accreditation)은 중요하며, 요구된 지식을 습득했다는 상징으로써의 명성을 가지게 된다.

● 학생들: 배우는 과정에서 수동적이다. 그들은 이미 정해진 지식의 내용을 배운다.

● 방법들: 대부분 강의들, 책들, 에세이들을 통해서 선생이 제자에게 축적된 정보의 구어적인 전달법이다,

● 교관들(Trainers): 학생들이 무엇을 배울 지와 얼마나 자주 혹은 언제 배울 것인지 결정 할 수 있는 권위자들로 비춰진다. 가르침과 배움 중에서 중요한 강조점은 가르침에 있다.

중요한 전제 가정들(Important Presuppositions)

1. 이 철학적 접근은 '그리스적 지식관점'에 바탕을 둔 것이다.
2. 교사가 학생에게 지식 전달에 초점을 둔다.
3. 일반적으로 학생들 가운데 이 전달받은 지식을 누가 가장 잘 습득하는지를 보기 위한 높은 레벨의 경쟁이 있다.
4. 그 경쟁에서 높은 순위를 얻어야 '성공'했다고 인정되는 시스템 안에서의 압력이 있다.
5. 지식은 사람들에게 표면적으로(external) 존재한다.
6. 교육은 정규 강의들을 듣기 위해 학교 빌딩으로 가는 것을 의미한다.
7. 안다는 것(Knowing)은 행하는 것(Doing)보다 중요하다.
8. 아이디어들은 사람보다 중요하다.
9. 정보는 반드시 인식적 영역(cognitive domains)안에 형식적으로 조직되어져야 한다.
10. 핵심은 구두 강의들, 책들, 또는 에세이들을 통한 축적된 정보의 전달에 있는데, 이는 학습자가 수동적으로 지식을 습득하거나 사실들을 암기함으로서 이루어진다.
11. 교사들은 학생들이 무엇을 배워야만 하는지 결정 할 수 있는 권리를 가진 권위자들이다.
12. 가르침과 배움 중에서 중요한 핵심은 가르침에 둔다.

코멘트

교육학적 이론(Pedagogical theory)은 이 모델에서 나왔으며 이 모델의 틀 안에서 보다 효과적으로 가르치기 위한 하나의 시도이다.

학교 모델에 관한 피드백

1. 전통적인 학교모델에 대한 동의어인, 은행 모델에 주의하라. 전통적인 학교 모델과 그것의 전제된 가정들을 읽어 보고 은행모델이 왜 적합한지에 대한 자신의 생각을 제시하시오.

----

2. 당신 자신의 경험으로 비추어 학교모델의 전제된 가정들을 표현해 주는 지난날의 훈련 경험의 예화 한 가지를 적어보시오.

----

3. 학교모델의 전제된 가정들을 주장하고(holding) 있는 사람에게 있어서, 젊거나 혹은 늙었거나, 혹은 경험이 있거나 없다는 것이 가르침 받는다는 점에 있어 무슨 차이가 있습니까?

----

1. 이것은 나의 답이다. 여러분의 대답은 나의 것과 다를 수 있고 보다 나을 수 있다. 지식은 은행 계좌의 돈과 같다. 그것은 하나의 계좌(선생들)에서 인출 할 수 있고 다른 계좌(학생들)에게 입금할 수 있다.

2. 나의 성경 대학 훈련은 일차적으로 '전통적인 학교모델'이었다. 공식적인 수업의 상황들은 대부분 교수가 몇 개의 주제에 대한 지식을 학생들에게 전달하는 강의방식이다. 각각 학생의 배경은 무엇이 가르쳐져야 하는지 혹은 어떻게 가르쳐져야 하는지를 결정하는데 거의 무의미했다. 경쟁은 격렬했다─만약 당신이 학점을 A를 받고자 한다면 한 과목에서 매우 적은수의 학생들만이 취득할 수 있기 때문이다. 비공식적인(Informal) 배움 활동은 자주 감성적이거나 때론 경험적인 학습 영역으로 여겨졌다. 이러한 것들은 어쨌든 중요하지 않다는 것이다.

3. 일반적으로 전통적인 학교 모델에서 한 개인은 기본적으로 누가 가르침을 받는가 와는 상관없이 가르치는 스타일의 관점에서 같은 것을 한다. 가르쳐지는 내용이 주목을 받는다. 이러한 철학을 가진 사람이 중견 경력자에게 가르치려 시도할 때, 갈등들이 생긴다. 중견 경력자들은 때로 그들의 경험에 근거한 어떤 관점에서 간섭하거나 도전하기를 원한다. 아니면 더 심하게, 그들은 가르쳐 지고 있는 것과 실제 현실 상황들 사이에는 타당성이 없다(irrelevancy)고 지적할 것이다. 혹은 보다 더 심하게는 그들은 말을 한다하여도 아무것도 바뀌지 아니할 것을 알므로 침묵 속에서 고통스러워 할 것이다.

2)교육의 계발적인 모델과 피드백

누구든지 배운 모든 것을 축적할 수 없고 지식의 내용이 급속히 증가하는 오늘 날에 보다 뛰어난 교육의 접근 방법은 계발적인 접근 방법이다. 이러한 접근방법은 무엇을 배우는가 보다 배움의 과정(process of learning)을 더욱 중요하게 본다. 그 방법은 감성적, 인식적, 능동적, 경험적이라는 네 영역이 통합된 배움이 되어야 한다.

계발적인 모델은 다음과 같은 특징이 있다

- 지식의 관점: 감성적, 인식적, 능동적이고 기술적이라는 네 영역에서의 역동적 긴장감을 사용한 전체적인 접근방식을 취한다.
- 목 표: 사실들의 습득보다는 성장으로서의 교육을 살핀다. 그러므로 그 목표는 한 개인과 그들의 은사들의 충분한 계발이다.
- 환 경: 교육은 어디서든지 가능하다. 학교 빌딩은 단지 하나의 가능한 환경일 뿐이다. 배움은 어디서든지 가능한 현장을 기초로 한다. 실제 삶의 환경은 배움을 위한 탁월한 환경들(settings)로 여겨진다.
- 구 조: 공식(formal) 또는 무형식(non-formal) 구조들은 배움을 이끌어 내는 도구들로 사용되어질 수 있다. 학위들과 인증(Accredition), 등은 가치를 가지나 중심적인 관심사항은 아니다. 때로는 이러한 것들이 진정한 교육을 방해하기도 한다.
- 학 생: 학생들은 그들이 무엇을, 어떻게, 언제 어디서 배우는지를 포함한 배움의 과정에 있어 능동적이다.
- 방법들: 강의, 서적, 에세이 등과 더불어 배우는 방법들은 많이 있다. 능동적이고 경험적인 배움에 강조점이 있다. 더욱이, 경험에 관한 반향

(reflection)은 토론 만큼이나 중요하게 여기고, 배운 것을 어떻게 사용할 수 있는가도 중요하다.

●교 관: 교관들(Trainers)은 배움으로 이끌 수 있는 배움의 촉매자들(facilitators)로 보여진다. 훈련시키는 교관들 또한 배우는 자로서의 모델링에 강조점이 있다. 교관은 학습자를 돌보는 사람으로서 나타난다. 가르침과 배움 중에서 배우는 일에 초점을 둔다. 교관들은 학생들을 확실히 돌보아야 한다.

중요한 전제 가정들

1. 사람들은 아는 것(to know) 뿐만 아니라 되는 것(to be)과 행하는 것(to do)을 배워야만 한다. 교육은 이 모든 것에 초점을 두어야 한다.
2. 사람들은 독특한 개인들이며 그들의 잠재력을 계발 시킬 필요가 있다.
3. 교육은 성장하는 것이다.
4. 교육은 어떤 장소에서나 가능하다.
5. 사람들은 각자 다른 방법을 통해 배운다. 배우는 방법들은 많다.
6. 교관들은 근본적으로 배움의 촉매자들이지, 권위적으로 지식을 분배하는 자들이 아니다. 그들은 지식의 특정 분야에서 권위자들이 될 수 있다(그들은 특정한 영역들에서 전문가들이 될 수 있다) 그러나, 그들의 근본적 초점은 학생들을 배우는 자로서 계발시키고, 배우기를 원하도록 동기부여 하는 것이다 - 특히 그 촉매자의 전문적인 영역 안에서.

1. 자신의 경험을 토대로, '계발모델' 전제 가정들과 연관 된 과거 훈련의 실례 하나를 써 보시오.

----

2. 당신의 의견에는, 두 개의 모델 중 어떤 것이 당신의 나라에서 지배적인 리더십훈련인가?

___a. 학교 모델

___b. 계발 모델

___c. 다른 것(기술하시오)

3. 당신이 습득한 전통적 학교모델과 계발모델의 본질적 차이점을 다음의 질문에 요약적으로 답하시오.

커리큘럼에 대한 그들의 접근에 있어서, 전통적인 학교모델을 주장하는 사람과 계발모델을 주장하는 사람이 어떻게 다를까?(여기서 커리큘럼은 훈련 프로그램의 내용을 의미함)

해 답(Answers)

1. 톰 브루스터 박사(Dr. Tom Brewster)와 그의 아내 베티 브루스터 박사(Dr. Betty Sue Brewster)로부터 받은 나의 언어와 문화습득 훈련프로그램은 계발 모델의 전제가정들에 초점을 둔 것이었다. 그들은 학생들을 계발시켜 학습자가 되도록 힘썼다. 그들의 초점은 근본적으로 감성적 목표들 이었고, 그것은 그들이 언어와 문화 습득을 위한 그들의 접근의 가치를 학습자에게 설득하는 것을 추구했다는 것이다. 경험적 요소는 훈련의 과정 안에 집어넣어 디자인 했고 지속적으로 평가했다. 훈련의 인식적인 부분은 감성적이고 경험적인 배움에 대해 항상 부수적인 것이었다.

2. X a. 학교모델 (이것은 성경학교들과 신학대학원과 같은 공식 훈련에 대해서는 기본적인 사실이다. 그러나 이것은 현재 많은 선교단체 조직을 통하여 제공되는 무형식 훈련에 관해서는 사실이 아니다.)

3. ‘학교 모델’ 의 사고 체계를 가지고 있는 사람은 ‘무엇’ 을 가르쳐야 하는가를 누가 알고 있는가하는 관점으로 커리큘럼에 접근 한다. ‘계발 모델’ 의 사고 체계를 가지고 있는 사람은 “누가 배울 것인가와 그들이 배워야만 하는 것이 무엇인가”라는 관점으로 커리큘럼에 접근한다.

3) 심화 학습

① 존 밀턴 그레고리(John Milton Gregory)의 '가르침의 7가지 법칙들 (The Seven Laws of Teaching)'은 탁월한 시도로 학습을 위한 교사 중심적 접근 안에서 효과적인 학습을 이끌어 내는 원리들을 일반화 하였다. 그레고리의 책이 근본적으로 전통적인 학교 모델을 다루는 한편, 그 법칙들의 몇 가지는 계발적인 초점을 포함하고 있다.

② 블록(J. H. Block)의 저서 '통달학습 모델(Mastery Learning Model)'의 70쪽을 보라. 이 책은 '전통적인 학교 모델' 안에서 훈련을 '개별화' 하고 학습의 초점을 학생에게 두게 하는 하나의 시도이다. 그것은 인식적인 강조점을 초월하는 시도를 하고 있다.

③ 브루스 윌킨슨(Bruce Wilkinson)의 저서 '학습자의 7가지 법칙들 (The Seven Laws of the Learner)'을 보라. 이 책은 가르치는 자와 배우는 자 모두에게 초점을 맞추며, 선생이 학생의 배움에 초점을 맞추어야 하는 책임에 대해 강조한다.

④ 말콤 노울레스(Malcolm Knowles)가 1980년에 펴낸 '성인교육의 현대적 실제-교육학에서 성인 교육학으로(The Modern Practice of Adult Education-From Pedagogy to Andragogy)'도 보라. 이 책은 많은 다른 성인 교육 서적들을 안내해 주는 도서목록 정보를 확장시켰다. 이러한 성인 교육 서적들의 중요한 강조점은 '계발 모델'이다.

⑤ 도서목록에 나열되어 있는 제인 벨라(Jane Vella)가 쓴 많은 저서들을 보라. 그것은 '계발 모델'에 초점을 둔 것이다.

오늘날 세 가지 훈련 유형은 크리스천 영역에서 가장 많은 훈련 유형을 분석하는데 도움을 주고 있다. 아래의 그림에서 그 범주를 분명히 보여주고 있는 반면에 때때로 서로 중첩되기 하는데, 즉 어떤 한 범주에서 항상 일어나는 것들이 여러 가지 방법으로 다른 범주에서도 중첩되어 일어 날 수 있다. 다음의 그림은 단순화된 것이다. 이후에 보다 더 세부적인 세 가지 범주를 다루게 될 것이다. 그러나 이 서론은 이 책의 2장에서부터 5장까지에서 우리가 토론할 중요한 분석 모델들 즉 세 가지 훈련 유형들을 언급해 주고 있다. 한 사람의 선생으로서 당신은 당신의 수업이나 워크샵, 세미나들에서 당신은 리더들을 훈련하고 있다는 궁극적인 목적이 분명해야 한다.

정 의

리더십 훈련은 한 사람을 그 사람의 리더십을 향상시키기 위해서
- 리더십 성품
- 리더십 기술
- 리더십의 가치관을 계발하기위한 정해진 시간에 계획된 방법을 사용하는 것이다.

대부분의 훈련은 세 가지의 유형가운데 하나 안에서 일어난다. 신학교나 성경학교, 대부분의 학교모델들은 공식 훈련 유형에 적합하다. 그러나 많은 경우에 유형들 사이에서 서로 중첩된 유형들이 많다.

세 가지 훈련 유형들

어떤 유형으로 훈련을 할까? [그림 1]에서 세 가지 유형을 제시한다.

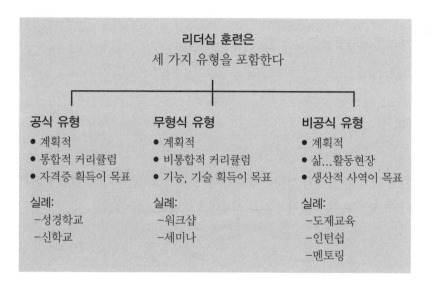

[그림 1] 세 가지 훈련 유형들

실 례

신약시대에는 사부 선생(master teacher)과 공부하는 공식 훈련 유형이 있었고, 예수님의 산상수훈 처럼 공개적 모임을 통한 무형식 훈련 유형이 있었고, 예수님이나 바울처럼 그들의 개인적으로 가까운 제자들을 개인적인 시간을 갖거나 공적 모임 후에 피드백, 멘토링을 통하여 현장에서 훈련하는 비공식 훈련 유형이 있었다. 그중 가장 효과적인 훈련 유형은 비공식 훈련 유형이었다. 오늘날 이 세 가지 훈련 유형들은 각기 매우 다양하고 서로 다른 효과들을 제공 해주고 있다.

1. 다시 한 번 세 가지 훈련 유형들을 모두 훑어보시오. 세 가지 유형이 가지고 있는 공통점은 무엇인가?

_____

_____

_____

2. 공식 훈련 유형과 무형식 훈련 유형 모두 커리큘럼이라는 말을 사용한다. 서로 다른 강조점이 있는데 무엇이라고 생각하는가?

   a. 공식 훈련 유형--- 통합적 커리큘럼

_____

_____

_____

   b. 무형식 훈련 유형- 비 통합적 커리큘럼

_____

_____

_____

3. 공식 훈련 유형과 무형식 훈련 유형들이 기대하는 마지막 결과들과 무
엇인가?

   a. 공식 훈련 유형의 결과:

----

   b. 무형식 훈련 유형의 결과:

----

4. 비공식 훈련 유형이 기대하는 마지막 결과는 무엇인가?

----

1. 모든 훈련 유형들이 효과적으로 되려면 모두 계획적인 디자인을 해야한다.

2. a. 공식 훈련 유형– 통합적 커리큘럼: 커리큘럼은 학위 인준 기관에 의해 부과된 요구 사항들을 충족시키기 위하여 통합적이어야 한다. 예를 들어 사역의 시작을 위한 기본 요구사항으로서 대부분 교단에서 인정하고 요구하는 목회학석사(M.Div.)학위와 같이 학생들이 그 커리큘럼 과정을 마치고 사역을 지원 할 때 필요한 학위증을 얻기 위한 것이다.

   b. 무형식 훈련 유형– 비통합적 커리큘럼: 어느 누가 가르치거나 어떤 기술들을 전수해 주느냐에 상관없고 다른 장소와 시간에 다양한 사람들에 의한 워크샵과 세미나 같은 것이다. 이것은 학습자가 어떤 기술을 배우기 원하느냐 그리고 그러한 기술들을 배우기 위해 어떤 워크샵이나 세미나를 선택하느냐에 달려있다.

3. a. 공식 훈련 유형의 결과: 인준된 학위증서(예; 문학석사/M.A., 목회학석사/M.Div., 철학박사/Ph.D.)로서 학습자가 사역직책을 구하는데 도움을 주는 것이다(훈련 기관 같은 선교단체나 지역교회 내에서)

   b. 무형식 훈련의 결과: 기능– 즉 세미나 혹은 워크샵에서 배운 기술이나 정보의 사용

4. 가장 중요한 사역에서의 경험과 더불어 생산적인 사역

이 책은 두면의 목적을 가지고 디자인 되었다

    a. 사역 지향적인 담임목회자들이 훈련을 분석하여 훈련을 더욱 이해
       하도록 하고 개선 할 수 있는 것을 개선하도록 돕는 것이며,

    b. 사역 지향적인 담임목회자들이 그들 자신의 독특한 상황속에서 리더
       십 훈련의 필요들을 위해서 특별 훈련을 디자인하도록 돕는 것이다.

수단들

  이 두면의 목적을 성취하기 위해서 두 종류의 중요한 훈련 분석 모델을
제2부에서 먼저 소개하고 그리고 제3부에서 더 자세히 소개할 것이다.

  이 두 모델들은:

훈련에 있어서 균형을 강조하는,

개정된 홀랜드의 두 트랙 비유(The Holland Two-Track Analogy,
Adapted),

그리고

개정된 시스템 모델(The Adapted Systems Model)은 네 가지의 훈
련 요소들: 즉 1) 훈련받는 학습자들과 그들의 필요, 요구와 능력, 2)
훈련 과정 자체, 3) 훈련받고 나가는 학습자들과 그들의 훈련받은 것
을 사용할 수 있는 능력, 4) 훈련받기 전, 훈련받는 동안과 훈련받은
후의 훈련 요소들의 지속적인 평가들에 초점이 맞추어져야 한다는 것
이다.

방법론

누구든지 먼저 두 종류의 중요한 훈련 평가 모델의 관점에서 훈련을 어떻게 평가 하는가를 배워야 한다. 두 종류의 평가 훈련 모델들을 이해했다면 그것들은 학습자의 주어진 상황에서 어떤 특별한 훈련 모델의 디자인을 위해 전반적인 안내를 하는데 사용되어져야 한다.

확 장(Expansion)

두 가지의 훈련 평가 모델들을 자세하게 다루는 제3부에는 수많은 훈련 기술들과 더 작은 훈련 모델들이 열거되고 설명되어 있다. 이것들 중에 많은 것은 사역자들에게 그들의 상황에 맞는 훈련 모델들의 디자인하는데 도움을 주는데 사용될 수 있다.

종 결(Closure)

이러한 점에서 당신은 이 책의 두 종류의 중요한 철학적 모델들-- 전통적인 학교 모델(The Traditional Schooling Model)과 이 책에서 더욱더 초점을 맞추고 있는 계발지향적인 모델(The Developmental Model)을 이해해야 한다. 리더십 훈련의 기본적인 개념과 이미 소개된 훈련의 세 가지 유형들은 어떤 종류의 훈련을 분류하는데 도움을 우리에게 줄 것이며, 또한 지금 소개된 두 종류의 평가 모델들의 적용성을 이해하는 도움을 줄 것이다.

누구든지 배운 모든 것을 축적할 수 없고 지식의 내용이 급속히 증가하는 오늘 날에 보다 뛰어난 교육의 접근 방법은 계발적인 접근 방법이다. 이러한 접근방법은 무엇을 배우는가 보다 배움의 과정(process of learning)을 더욱 중요하게 본다. 그 방법은 감성적, 인식적, 능동적, 경험적이라는 네 영역이 통합된 배움이 되어야 한다.

제2부

훈련의 디자인과 평가를 위한
두 가지 중요한 모델

LEADERSHIP TRAINING MODELS

2장 　홀랜드의 개정된 시스템 모델의 개관

01 개론과 목표

이 장에서는 우리가 사용할 두 가지의 주요 평가 모델을 소개한다. 제 1장에서 훈련프로그램의 전제를 분석하는데 도움이 되는 두 개의 철학적 모델을 소개하였다. 두 개의 모델들 중에서 계발모델이 우리들의 중요 관심사임을 밝혔다. 이 장에서는 개정된 홀랜드의 두 트랙 비유를 소개하는데, 이 비유는 훈련 상황에서의 균형잡힌 학습을 위한 필요를 지적해주고 프레드 홀랜드(Fred Holland)의 '두 트랙 유형(Two Track Analogy)'을 소개하고 그 구성 요소들을 정의한다. 또한 이 장은 다른 주요 평가 모델인 '개정된 시스템 모델(Adapted Systems Model)'에 대하여 전반적인 소개를 한다. 홀랜드의 평가모델이 균형과 영적 형성을 추구하는 반면 개정된 시스템 모델은 이 모델의 4개지 요소 사이의 효율과 적합성을 추구한다. 이 모델의 4가지 요소가 간략하게 소개될 것이며, 이 다음 장들에서 4가지 요소들을 상세히 다룬다.

목 표

1. 홀랜드의 두 트랙 유형의 4가지 주요 요소들을 열거하고 정의할 수 있도록 한다.
2. 어떤 주어진 훈련환경 속에서, 홀랜드의 두 트랙 모델의 4가지 요소가 나타난 내용을 설명할 수 있어야 한다.

심화 학습을 위해 (For Further Study)

이 장에서 두 모델들을 개괄적으로 설명하고 다음 두 장에서 확대하여 자세히 설명한다.

02 개정된 홀랜드의 두 트랙 모델

프레드 홀랜드(Fred Holland), 신학 연장 교육의 개척자로서 어떤 훈련 설계에도 있어야 하는 생명력 넘치는 요소들을 서술하기 위한 네 가지 요소 모델을 사용했다. 이 모델을 두 트랙 모델(Two Track Model)이라고 부른다. 이 모델은 철도의 두 철로와 침목들 그리고 보다 중요한 비유 요소로서 침목과 레일 아래의 자갈을 사용한다. 두 트랙의 비유의 용도는 균형잡힌 학습이다. 이 비유는 좋은 비유이다. 만약 네 요소 중에 어떤 한 요소라도 빠지면 그 훈련은 균형을 잃게 될 것이다. 그림 2-1은 이 비유를 보여준다. 저자는 저자의 사례연구로부터 도출된 개념인 영적 형성(Spiritual Formation)을 사역적 형성(Ministerial Formation)과 전략적 형성(Strategic Formation)을 포함한 것으로 확장하였다. 또한 저자는 침목들을 수정하였고 이것은 홀랜드가 신학연장교육(Theological Education by Extension) 모델에서 일어난 역동적 반향(Dynamic Reflection)을 포함한 세미나를 말한 것이다. 이 모델은 연장교육이던 아니던 어떤 훈련에도 적합하도록 수정된 것이다.

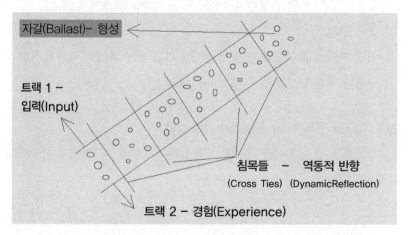

[그림 2-1] 홀랜드의 개정된 두 트랙 비유 모델 – 기본적인 요소들

1) 두 트랙 비유의 네 가지 요소

아래의 [도표 2-1]에 네 가지의 비유적인 요소들을 설명하고 있다.

요 소	설 명
트랙(Track) 1 입력(Input)	입력은 학습자의 훈련에 있어서 네 가지의 배움의 영역 즉 인식적, 감성적, 능동적 그리고 경험적인 영역에 영향을 미치는 모든 것을 의미한다.
트랙(Track) 2 사역의 경험	사역경험은 과거나 현재의 모든 리더십 경험을 의미하는데, 가급적이면 학생이 배운 지식을 이해하도록 계속적으로 돕는 현재의 경험을 선호한다. 이 요소는 경험적 학습을 갖도록 돕는다. 입력된 정보는 실제의 삶에서 사용될 수 있다. 균형 잡힌 학습이 일어나기 위해서는 입력된 정보를 사용하는 사역 경험이 반드시 필요하다. 그러나 중견 사역자의 경우에는 과거의 사역경험으로 대신 할 수 있다. 이런 수업 중에는 생생하게 살아 있는 상황 속에서 그 관점들을 깨닫게 되므로, "아하 그렇구나!"하는 말을 듣게 될 것이다.
침목(Cross-Ties) 역동적 반향	침목들은 사역 경험들과 관련된 입력의 지속적인 반향을 의미하고 또한 사역 경험의 반향은 입력과 관련되어 있다. 이러한 과정은 모든 입력들이 지속적이고 반복적으로 일어나야 한다.
자 갈(Ballast) 형성(Formations)	이 자갈들은 영적, 사역적, 전략적인 세 가지 형성의 모든 것과 연관된 신중한 시도를 의미한다. 특별한 입력들은 세 가지 형성들 중 한 가지 또는 그 이상의 형성들과 직접적으로 연관될 수 있다. 혹은 정규적인 입력은 형성들을 접촉하는 경향을 나타낼 수 있다. 그러나 이 요소에 대해 주목할 것은 형성은 신중하게 설명되어져야 한다는 것이다.

[도표 2-1] 홀랜드 모델의 네 가지 요소의 설명

정 의

영적 형성(Spiritual Formation)은 하나님의 사람의 내적 삶의 계발을 의미하는데, 그 사람이 하나님을 더욱더 많이 경험하고, 그의 성품과 매일의 인간관계 속에서 더욱 하나님을 닮은 특성들이 나타나고, 사역과 삶속에서 하나님의 임재와 능력을 지속적으로 깨달아 가는 것을 말한다.

정 의

사역적 형성(Ministerial Formation)은 사역을 위한 리더십 기술들과 리더십 경험을 주입시키고, 은사 계발을 위한 방향으로 리더의 삶을 형성하는 활동이다.

정 의

전략적 형성(Strategic Formation)은 삶이 전개되는 대로 하나님의 전략적인 인도를 따라서 하나님이 주신 소명을 성취하고 리더의 모든 잠재력을 발휘하는 방향으로 리더의 삶을 형성하는 활동이다.

2) 균형잡힌 학습 (Balanced Learning)

홀랜드 훈련 모델의 핵심은 무엇이 균형잡힌 학습인지를 지적해 주는 것이다. 만약 요소들 중에 어떤 것이 빠진 다면 그 훈련은 균형을 잃게 될 것이다. 일반적인 균형을 잃은 훈련은 다음과 같은 유형들이 있다.

정 의

균형잡힌 학습은 훈련에 있어서 모든 네 가지의 요소들이 포함되고 신중히 고려되어진 것을 의미한다.

부정적 실례 : 과중한 지식 중심의 신학교
(Seminary With Heavy Cognitive Input)

때때로 신학교들은 지식(Cognitive Input)에 치중하는 경향이 있다. 형성(Formations)들은 고려되지 않는다. 역동적인 반향 (Dynamic Reflection)도 없다. 지식에 상응하는 관련된 경험도 없다. 지식은 때때로 미래에 사용될 것으로 고려된다.

부정적 실례: 경험을 통한 현장훈련이 고려되지 않음
(Unaccounted for On-The-Job Training Via Experience)

어떤 교단들은 스스로 가라앉거나(Sink) 혹은 수영하여 뜨는 (Swim) 정책을 사용하고 있다. 리더들은 그들이 처한 상황으로부터 출현하고 행함으로 배운다. 중요한 요소는 반영될 경험이 없는 것이다. 때로 지식이 결핍된 것이 문제인데, 그 지식은 경험을 적절히 이해하게하여 유익이 되게 할 수 있다. 이에 따라서 형성은 이루어 지거나 혹은 잃어 버리게 된다. 후자의 경우에는 역동적 반향은 없다. 성공적인 사람은 그 이상의 리더십으로 발전한다. 성공적이지 못한 사람은 사역에서 탈락하게 된다.

실 레 : 특별한 기술의 사용에 집중된 워크샵 (Workshop Focusing on Use of a Specific Skill)

특별한 기술을 가르쳐 주고, 학습자에게 그 기술은 실제로 연습해 보도록 허락하고, 더불어 관련된 개념들을 가르쳐 주고 의도적으로 그 기술을 계속적으로 사용하도록 학습자에게 동기부여 하는 워크샵은 균형잡힌 학습의 실례가 된다.

코멘트

훈련자는 항상 마음속에 균형잡힌 학습을 계획해야 한다. 이러한 모델은 훈련에서 단 한번의 경우에도, 단 한번의 수업에도, 단 한번의 세미나와 워크샵에도, 단 한번의 전체 수업의 계획에도 적용 할 수 있다.

3) 피드백

1. 당신은 신학교 훈련에서 네 가지의 요소들 중에서 어떤 요소가 주된 요소라고 생각하는가? 가장 적합한 것 하나에만 표시하시오.

_____ a. 지식 (Input)

_____ b. 영적 형성 (Formation – Spiritual)

_____ c. 사역적 형성 (Formation – Ministerial)

_____ d. 전략적 형성 (Formation – Strategic)

_____ e. 사역 경험 (In Ministry Experience)

_____ f. 역동적 반향 (Dynamic Reflection)

2. 만약 당신이 형성(영적, 사역적, 전략적)의 어떤 면에 초점이 맞추어진 훈련을 경험한 적이 있다면 이곳에 설명하시오.

----

3. 만약 당신이 겪은 어떤 훈련 상황에서 '균형잡힌 훈련(Balanced Training)'을 경험한 적이 있다면 이곳에 간략하게 설명하시오.

----

4. 당신의 견해로, 훈련의 네 가지 요소 중에서 항상 빠지는 요소는 무엇인가?

해 답(Answers)

1. 나의 개인적인 신학교 훈련에서, __X__ a. 지식(Input)

2. Renovare 같은 영성 프로그램에서는 영적 형성을 강조한다.

3. 이 문제는 당신의 그룹에서 토론을 위해 남겨 둘 것이다.

4. 역동적 반향(Dynamic Reflection)이 처음부터 빠지고 나중에 경험하게 됨. 지식(Input)은 거의 항상 있음.

공장의 생산을 모니터하거나 그와 비슷한 산업의 엔지니어를 위한 기본적인 모델이 다음의 모델이다. 이 모델은 네 요소(Component)의 관점에서 네 가지 요소들(훈련생, 훈련과정, 훈련수료생, 품질 관리/Quality Control)중에 어느 요소가 초점이 맞추어졌거나 혹은 빠졌거나 혹은 계속되고 있는가를 분석하기 위한 하나의 평가모델을 만들기 위한 모델이다.

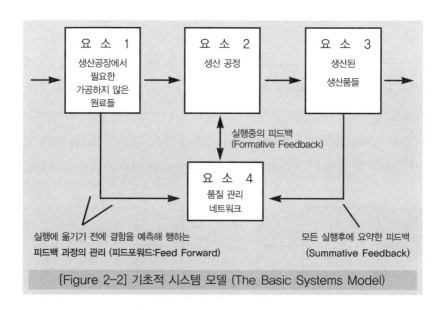

[Figure 2-2] 기초적 시스템 모델 (The Basic Systems Model)

설 명

어떤 생산품을 제조하기 위해 필요한 원료들은 요소1의 기본적인 내용들이다. 얼마나 많은 양이 필요한가에 대한 정보는 실행되기 전에 먼저 예측한다(피드포워드: 2-4, 4-1). 언제 얼마의 양의 가공되지 않은 원료가 들어오느냐의 정보는 피드포워드(1-4, 4-2)인데, 그런 다음 제조 과정에서 원료를 가지고 생산품이 무엇이던 간에 생산을 한다. 실행중의 피드백

(Formative Feedback:2-4)은 생산 과정에서 일어나는 상황을 계속해서 모니터하고, 4-2는 필요에 따라 상황을 관리하는 데 도움을 준다. 마지막으로 피드백(3-4)은 생산품들이 공장을 떠난 후에 시장에서 히트를 친다는 확실한 질적 관리(Quality Control)을 확신시켜 준다. 계속해서 생산 시장이 신뢰받고 제품이 잘 팔리게 하기 위해서 품질을 높이기 위한 필요한 변화는 4-2와 같이 시스템으로 되돌아 온다.

테드 워드박사(Dr. Ted Ward)와 샘 로웬박사(Dr. Sam Rowen)는 캐러비안 성경학교 협회(Caribbean Association of Bible Colleges: CABC)를 위해 배설한 리더십훈련 수련회에서 이 모델을 소개해 주었다. 그 당시, 어떤 학위인증협회를 만들기 위한 서인도 제도의 학교들 간에 모종의 압력이 있었다. 워드박사와 로웬박사는 어떤 신학교 혹은 성경학교

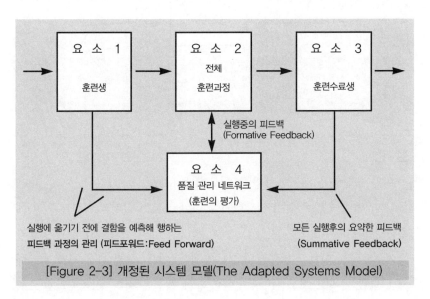

[Figure 2-3] 개정된 시스템 모델(The Adapted Systems Model)

가 무엇을 꼭 해야 하는 지를 이해시키기 위한 수단으로서 이 모델은 제시하였다. 이것은 학위인증협회의 평가의 기준이 되는 하나의 대안이었다. 이 개정된 시스템 모델은 바로 산업 엔지니어링에서 사용하고 있는 하나의 개정 모델이다. 이제 이 요소들은 시장에서 팔기위한 제품을 생산하는 것보다 훈련에 더 적합하게 이름이 붙여졌다.

실시간 감시

요소 4 품질 관리는 훈련생(Incoming Participants)에게 필요한 선행 조건들을 알려주고 그들이 훈련을 받으려고 할 때에 선발하는 기준들에 관한 정보를 제공해 준다. 요소 4는 학생들의 특별한 필요나 부족한 것과 훈련을 통하여 이미 획득된 자질들에 관한 정보를 받는다. 이 정보는 학생들의 필요나 희망들을 채워주고, 불필요한 훈련의 중복을 막고, 학생들의 사전 훈련을 위한 훈련과정을 변화시키기 위해 요소 2로 보내진다. 그래서 한번 훈련과정에 들어온 학생들은 인식적, 감성적, 능동적, 경험적의 네 가지 훈련영역의 계발의 관점에서 정해진 요소 3의 기준들에 맞도록 변화되어 진다. 이러한 학습영역들은 개정된 시스템 모델의 다음 장에서 더 깊이 다루어 질 것이다.

초 점

어떤 훈련과정에서도 이 요소들 중에 어떤 요소라도 초점이 맞추어 질 수 있다. 훈련에서 서로 다른 필요들은 어떤 다른 요소가 초점이 맞추어 지도록 요청 할 수 있다. 이 모델의 가치는 어떤 요소가 초점이 맞추어 지는가를 그리고 어떤 요소가 사실적으로 초점이 맞추어져야 하는가를 볼 수 있도록 도와주는 데 있다.

1) 네 가지 요소

아래 도표는 개정된 모델을 간단하게 설명한다.

[도표 2-2] 개정된 모델의 설명
Table 2-2. Descriptions of Adapted Systems Model)

요소(Component) 혹은 흐름(Flow)	설 명 (Explanation)
1- 훈련생	훈련생들은 훈련과정에 들어옴으로 훈련되어지는 사람들을 의미한다.
2- 전체 훈련과정	전체 훈련과정은 넓은 의미로 커리큘럼 전체, 즉 훈련자들, 훈련의 내용, 훈련 방법, 훈련의 제약사항들, 등을 의미한다. 간단히 말해서 이 훈련과정은 공식적인 커리큘럼이든 아니든 훈련과정을 통해서 훈련생들에게 영향을 미치는 모든 것을 포함하고 있다.
3- 훈련수료생	훈련수료생들은 그들의 훈련과정을 마치고 나가는 학생들을 의미하고, 그들은 훈련을 받은대로 기능을 하게 된다. 요소 3(훈련을 받고 배출되는 학생들)은 훈련이 끝난 직후 혹은 시간이 경과된 미래에 기대할 수 있다.
4- 품질 관리, 네트워크	품질관리, 네트워크는 훈련과정이 어떻게 잘 진행되고 있는지에 관한 정보를 얻는 방법이며, 훈련생들이 훈련과정에 있는 동안 그들에게 영향을 주기 위해서 훈련과정을 즉각적으로 수정하기 위하여 수정된 입력을 하기 위한 방법, 혹은 다음 그룹의 훈련생들을 위해 훈련과정을 수정하는 사후 수정을 위한 방법이다.

1-4 피드포워드 (Feed Forward)	이 경로는 훈련시스템에 흘러들어오는 정보를 의미하는데, 이것은 훈련생들에 맞게 시스템을 변화시키는데 사용될 수 있다.
4-1 피드포워드 (Feed Forward)	이 경로는 시스템으로부터 훈련생들에게로 오는 정보를 의미하는데 이 정보는 훈련생들을 수정하게 될 것이다. 경로 1-4와 4-1 모두 피드포워드라고 불리우는데 왜냐하면 그 정보는 훈련과정이 시작되기 전에 활동적이기 때문이다.
4-2 실행중의 피드백 (Formative)	이 경로는 훈련과정이 진행되는 동안에 얻어진 정보를 의미하는데, 이 정보는 훈련과정이 진행되는 동안에 시스템 설계를 향상시키는데 도움을 준다. 이 훈련과정은 시스템에 즉각적인 영향을 주기위해 도중에도 수정을 한다.
2-4 실행중의 피드백 (Formative) /추가적 피드백 (Summative)	이 경로는 훈련이 진행되는 동안에 얻어진 정보인데, 새로 훈련생들, 요소1에 영향을 미치거나 현재 훈련수료생들의 기대를 수정하는 요소3에 영향을 미친다.
3-4 장기간 (Long Term)	이 경로는 앞으로 훈련생들을 위하여 훈련을 받은 후에 훈련시스템을 수정하는데 사용할 정보를 의미한다. 또한 이 정보는 훈련이 완전히 끝난 오랜 후에 시스템의 적합성과 필요에 관해 학생들로부터 나온 피드백을 말한다. 이러한 지속적인 정보는 현재의 필요들을 채우기 위해 훈련시스템을 변화시키는데 선별적 피드백으로서 중요하다.

2) 피드백

1. 이 개정된 시스템의 개요와 당신이 알고 있는 당신의 신학교 훈련시스템에서, 당신의 신학교의 목회학석사과정(Master of Divinity)은 어떤 요소들에 초점이 맞추어져 있다고 말할 수 있습니까?

----

2. 당신이 알고 있는 신학교의 철학박사(Doctor of Philosophy)과정은 어떤 요소들에 초점이 맞추어져 있습니까? 당신의 1번 문제의 대답과 어떻게 다릅니까?

----

3. 당신은 어떤 종류의 훈련과정을 제시할 수 있습니까;

   a) 요소1에 초점이 맞추어져 있는 훈련과정은?

----

   b) 요소3에 초점이 맞추어져 있는 훈련과정은?

----

1. 요소1에 초점이 맞추어져 있음.

2. 일반적으로 요소3에 초점이 맞추어져 있음. 학생이 수행하는 연구는 요소3 목표로 인도될 것이다. 모든 요소들 중에 나머지 것들은 학생이 그 목표를 달성하는 것을 돕는데 맞추어져 있어야 한다.

3. a) 멘토링 프로그램이나 성인 교육 프로그램이 요소1에 초점이 맞추어 져 있다.

   b) 교회 개척 훈련은 요소3에 초점이 맞추어져 있다. 어떤 한 학생이 교 회 개척 훈련을 마친 후에 그는 한 지역교회를 개척할 수 있어야 한 다. 다른 요소들은 이 목표가 달성되도록 작동되어야 한다.

3장 개정된 홀랜드의 두 트랙의 비유

이 장은 개정된 홀랜드의 두 트랙 비유 확장을 설명하고 그와 관련된 중요한 개념들의 깊은 정의들을 할 것이다. 이 모델은 이전의 '분리된 철도 울타리 비유'에서 유래 된 것이다. 이것의 원래 모델은 테드 워드(Ted Ward)에 의해 '신학연장교육(Theological Education by Extension: T.E.E.)'을 어떻게 운영하는가를 설명할 때에 사용되었다. 프레드 홀랜드(Fred Holland)는 1978년 그의 선교학 박사학위 논문에서 신학연장교육(T.E.E.)의 분리된 철도 울타리 비유에 없는 네 번째 요소를 첨가하여 그 원래 모델을 수정하였다. 리더십 훈련에 관한 필자의 연구에서는 나는 네 가지 요소들을 사용했지만 그 요소들의 정의들을 상당히 바꾸었다. 첫 번째 섹션은 먼저 분리된 철도 울타리 비유를 신학연장교육(T.E.E.)에서 사용된 그대로 설명할 것이다. 그런 다음 홀랜드 두 트랙 비유를 제시하고 이 모델의 요소들을 정의할 것이다. 이 모델은 철도바닥에 까는 자갈(Ballast: 세 가지의 형성: 영적, 사역적, 전략적 형성)에 대한 깊은 토론도 할 것이다. 입력 트랙(Input Track)은 네 가지 학습 차원: 인식적, 감성적, 능동적, 경험적 관점에서 설명되었다. 일반적으로 대부분의 공식적인 훈련은 오직 인식적인 차원에 초점이 맞추어져 있다. 이 장은 현장사역경험의 트랙에 관해 토론할 것이다. 이 장은 현장사역경험들과 그것들이 훈련에 어떤 영향을 주는가에 대한 전망들을 세부적으로 토론할 것이다. 하나의 중요한 연속 즉 사역경험의 시간적 연속을 사역경험과 그 경험이 언제 일어나는가에 관한 개념들을 세부적으로 토론할 것이다. 가로지르는 침목(Cross-Ties)들 즉 역동적 반향(Dynamic Reflection)이 대부분 공식적인 즉 융통성없이 구성된 프로그램 안에서 빠지기 쉬운 것이다.

목 표

1. 당신은 개정된 홀랜드의 두 트랙 비유의 네 가지 주요 요소들 하나 하나에 관해 열거하고 간략히 서술하고 설명을 할 수 있어야 한다.

2. 당신은 주어진 훈련프로그램을 분석하는데 네 가지 요소들을 세부적으로 사용할 수 있어야 한다. 이것은 당신이 개정된 홀랜드 두 트랙 비유의 네 가지 요소들의 관점에서 주어진 훈련 프로그램 안에서 무엇이 일어나고 있는지 혹은 일어나고 있지 않는지 설명할 수 있어야 한다는 것을 의미한다.

3. 당신은 새로운 훈련프로그램 설계하고 종합하는데 네 가지 요소들을 사용할 수 있어야 한다. 이것은 개정된 홀랜드의 두 트랙 비유에 포함된 세부적인 개념들을 사용하여 새로운 훈련프로그램 설계의 각 요소들을 설명할 수 있어야 한다는 것을 의미한다. 당신은 이 모델의 네 가지 요소들 하나 하나가 적절하게 설명되었다고 확신하게 될 것이다.

심화 학습을 위해 (For Further Study)

이러한 목표들이 학생들에게 충족되는 것을 볼려면 리더십훈련모델론 독서목록(Leadership Training Models Reader) 안에서 훈련설계모델(Training Design Models)과 사후평가모델 (Post-Mortem Models)을 보라.

미시간 주립대학의 테드 워드(Dr. Ted Ward)박사는 신학연장교육
(T.E.E.)의 초창기에 이 운동을 확산하는데 하나님께 크게 쓰임을 받았다.
그는 샘 로웬(Sam Rowen) 박사와 함께 여러 곳을 여행하면서 세미나를
개최하고 많은 훈련자들에게 T.E.E.를 설명하였다. 쉽게 이해될 수 있는
간단한 모델 즉 '분리된 철도 울타리 비유'가 T.E.E.의 학습요소들을 지
적해 주었다. 이 비유가 홀랜드가 수정한 모델이었다.

기본 비유 (Basic Analogy)

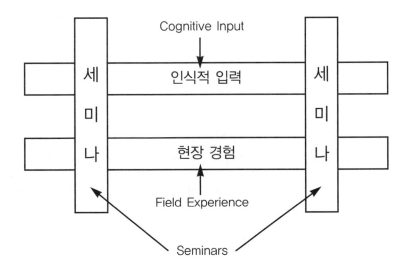

용어 설명

용 어	해 설
인식적 입력 Cognitive Input	학생 자신의 위치에서 학생 자신의 자습을 통하여 배운 정보를 말한다. 이 정보는 일반적으로 자습 형태로 패키지화 되어 있다(계획된 지침서, 실습서 등).
현장 경험 Field Experience	학생이 입력된 지식을 현지 사역상황에 적용하는 것을 말한다. 학생은 자신의 평소 환경에서 생활하면서 입력된 지식을 실제 사역에 사용하도록 기대된다.
세미나 Seminars	세미나는 그룹모임을 말한다. 이 세미나는 배우고 적용한 입력된 지식에 대한 상호 작용에 중점을 둔다. 이 세미나를 통하여 유능한 교사들이 학생들에게 학생들이 자습을 계속하고, 또한 현장 상황에서 입력된 지식의 적용을 할 것을 설명하고, 적용하고, 동기를 부여하고, 독려한다.
신축성 Flexibility	철로의 길이는 세미나간의 시간의 길이를 표시합니다. 자습을 통한 지식의 입력과 그 입력된 지식을 현장서 사용하는 것을 통합하는 세미나의 횟수와 빈도는 변할 수 있다. 그리고 세미나간의 시간 간격은 현지 필요에 따라 변경될 수 있다. 윈터(Winter)의 조직된 시간(structured hours)에 따르면, 자습 및 세미나를 합친 시간이 상주하는 신학교과정의 전체시간과 같았다. 나중에 'Structured Time'의 정의를 보라.

03 오리지널 홀랜드의 두 트랙 비유

프레드 홀랜드는 기본적인 분리된 철도 울타리 비유에서 리더십의 매우 중요한 학습요소 즉 영적 형성(spiritual formation)을 수정하였다. 그는 이 용어를 카톨릭 교육자들로부터 채용하였다. 다음의 인용을 보라.

형성이라는 것은 사역을 지망하는 학생후보가 영적 성장과 계발에서 영향을 받고 지도를 받는 과정이라고 간주된다. 신학적인 훈련을 위한 모든 카톨릭의 기관들은 학생들의 영혼과 품행을 돌보아주는 책임을 가진 영적 지도자(spiritual director)를 두고 있다(Holland 1978:8).

기본 비유 (Basic Analogy)

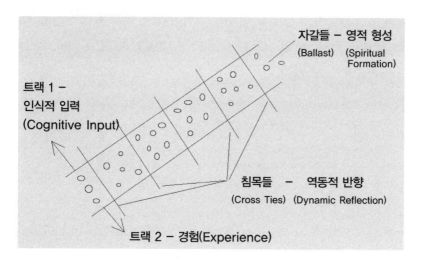

용어설명

용 어(Term)	설 명 (Explanation)
인식적 입력	워드의 분리된 철도 울타리 비유와 동일함
사역중 활동	워드의 분리된 철도 울타리 비유에서의 현장 경험과 동일함
영적 형성	위에 인용된 형성에 대한 기독교적 사용
세미나	워드의 분리된 철도 울타리 비유에서의 세미나와 동일함

코멘트

프레드 홀랜드 박사의 미 출판 선교학박사 논문(풀러 신학교 세계선교 대학원, 1978년), "상황과 변화에 있어서의 신학 교육(Theological Education in Context and Change)"의 10~13, 86~110, 280~282페 이지를 특별히 주목하라.

클린턴은 홀랜드의 정의들을 T.E.E. 뿐만이 아니라 모든 종류의 훈련을 평가하는데 사용하도록 확장하여 홀랜드의 비유를 개정하였다. 4가지의 수정된 요소들의 초점과 변화들에 주목하라.

기본 비유

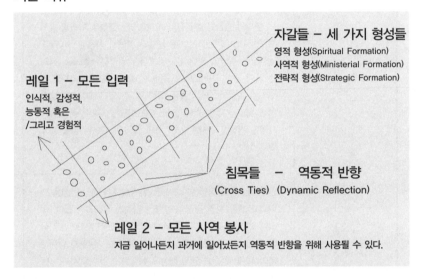

레일 1 – 모든 입력
인식적, 감성적,
능동적 혹은
/그리고 경험적

자갈들 – 세 가지 형성들
영적 형성(Spiritual Formation)
사역적 형성(Ministerial Formation)
전략적 형성(Strategic Formation)

침목들 – 역동적 반향
(Cross Ties) (Dynamic Reflection)

레일 2 – 모든 사역 봉사
지금 일어나든지 과거에 일어났든지 역동적 반향을 위해 사용될 수 있다.

코멘트

세 가지 형성의 각각은 이후에 설명할 것이다. 이러한 형성들은 리더의 삶과 어떻게 하나님이 리더들을 전 생애 동안 형성시켰는가를 관찰하는 그 라운디드 이론 (Grounded Theory)[1] 연구로부터 도출된 것이다. 심화 학습을 위하여 클린턴의 저서 '전략적 개념들 (Strategic Concepts)'을 보라.

---

1) 역자주: 사회학(Sociology)에서 발전된 리서치 하는 방법론으로서, 리더십 같은 질적 데이터(Qualitative Data)를 측정하고 분석하여 그 데이터를 근거로 하여 이론을 정립하는 방법론(methodology)중 하나이다.

[도 표 1] 홀랜드의 두 트랙 비유의 네 가지 요소들

요 소	설 명
트랙 1 입력	입력은 학습자의 훈련에 있어서 네 가지의 배움의 영역 즉 인식적, 감성적, 능동적 그리고 경험적인 영역에 영향을 미치는 모든 것을 의미한다.
트랙 2 사역 경험	사역경험은 과거나 현재의 모든 리더십 경험을 의미하는데, 가급적이면 학생이 배운 지식을 이해하도록 계속적으로 돕는 현재의 경험을 선호한다. 이 요소는 경험적 학습을 갖도록 돕는다. 입력된 정보는 실제의 삶에서 사용될 수 있다. 균형잡힌 학습이 일어나기 위해서는 입력된 정보를 사용하는 사역 경험이 반드시 필요하다. 그러나 중견 사역자의 경우에는 과거의 사역경험을 대신 할 수 있다. 이러한 경험이 일어나는 수업 중에 당신은 학생들이 실제 상황 속에서 새로운 관점을 깨달으므로 "아하 그렇구나!"하는 말을 들게 될 것이다.
침목들 역동적 반향	침목들은 사역 경험들과 관련된 입력의 지속적인 반향을 의미하고 또한 사역 경험의 반향은 입력과 관련되어 있다. 이러한 과정은 모든 입력들이 지속적이고 반복적으로 일어나야 될 필요가 있다. 이중적인 사고 과정으로서, 먼저 입력된 아이디어를 경험과 영적 형성에 적절하게 연계를 시키는 방법을 가르치고, 그 다음으로 입력과 영적 형성에 영향을 주는 아이디어를 경험으로부터 추출해내는 방법을 가르친다.
자갈 영적 형성	이 자갈들은 영적, 사역적, 전략적인 세 가지 형성의 어떤 것과도 연관된 신중한 시도를 의미한다. 특별한 입력들은 세 가지 형성들중 한 가지 또는 더 이상의 형성들과 직접적으로 연관될 수 있다. 혹은 정규적인 입력은 형성들을 접촉하는 경향을 나타낼 수 있다. 그러나 이 요소에 대해 주목할 것은 형성은 신중하게 설명되어져야 한다는 것이다.

05 개정된 홀랜드 모델에서의 자갈(Ballast)과 유형들

1) 영적 형성과 피드백

프레드 홀랜드는 '분리된 철로 울타리 비유'에 영적 형성의 차원을 추가하였다. 이와 같은 추가는 훈련의 궁극적 결과를 강조한다. 이것은 지식(knowing) - 존재(Being) - 행동(Doing)이라는 3차원 학습에서 존재라는 요소의 관점에서 훈련을 평가해야 할 필요가 있음을 분명히 하였다. 그는 모든 리더십 훈련에서 이 중요한 학습요소의 필요성을 비교적 충분히 토론한다(Holland 1978:86-110). 그의 비유에서 영적 형성은 다른 학습요소들이 자리하는 토대가 된다. 그래서 이것은 다른 모든 학습요소들에 기초가 되는 것이다. 영적 형성 없는 훈련은 고작해야 제한적인 성공만을 기대할 수 있다. 영적 형성은 영적인 권위에 필수적인 내면적 자질들의 계발이며, 영적인 권위가 없이는 어떠한 사역도 효과적일 수가 없다.

정 의

영적 형성은 하나님의 사람의 내면 삶을 계발하고 경건한 성품을 스며들게 하는 리더의 삶을 형성하는 활동이다.

코멘트

영적 형성은 하나님의 사람의 내적 삶의 계발을 의미하는데,

- 그 사람이 하나님에 대하여 더 많이 체험하게 되고
- 인격과 일상생활의 삶에 있어서 더욱더 하나님을 닮은 특성을 나타내며
- 사역에 있어서 점점 더 하나님의 능력과 임재를 알게 된다.

코멘트

영적 형성은 롬 8:28,29의 과정을 사역현장에서 훈련 받는 사람에게 적용하는 것이다. 이것은 훈련생들이 '그리스도의 형상을 닮아 가는 것'을 보는 과정을 촉진하는 훈련 프로그램의 요소에 의도적으로 삽입한 것이다.

코멘트

아래의 그림은 학습목표와 연관된 홀랜드의 간략한 원형 모델이다(Holland 1978:98).

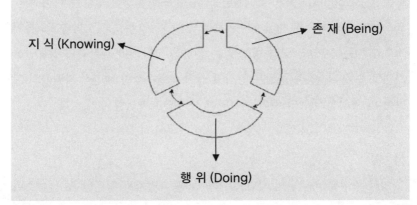

지 식 (Knowing)

존 재 (Being)

행 위 (Doing)

코멘트

영적 형성은 훈련프로그램에서 '존재의 목표(being goals)'를 부각시키기 위한 시도이다. 영적 형성은 영적 권위가 사역하는데 중요한 권위의 기반이 됨을 인식하게 한다. 더욱이 그것은 훈련생(trainee)을 영적 권위를 갖도록 계발하는 과정항목들(process items)이 훈련의 당연한 일부가 되어야 함을 의미한다.

1. 영적 형성이 풀러 신학교의 3개의 대학원(신학대학원, 선교대학원, 심리대학원)의 어떤 수업들 중에서 어떻게 이루어지는지를 설명하시오. 즉, 의도적이든 아니든 간에 당신이 참석해 본 수업 중에 어떤 수업에서 영적 형성이 이루어졌는지를 설명하시오.

영적 형성이 이루지는 것을 어떤 수업에서 보았는지 여기에 하나만 기술하시오.

신학대학원 수업 중에서 어떤 수업?_____

선교대학원 수업 중에서 어떤 수업?_____

심리대학원 수업 중에서 어떤 수업?_____

2. 당신의 경험으로부터, 당신이 발견한 공식적인 훈련 프로그램에서 당신을 효과적으로 변화시키는데 도움을 주고 영적 형성을 촉진하는 몇 가지의 적극적인 방법을 설명하시오.

----

3. 다음은 홀랜드의 논문에 있는 도식으로서 그가 많은 훈련 상황들을 어떻게 보는지를 반향한다(Holland 1978:99,100).

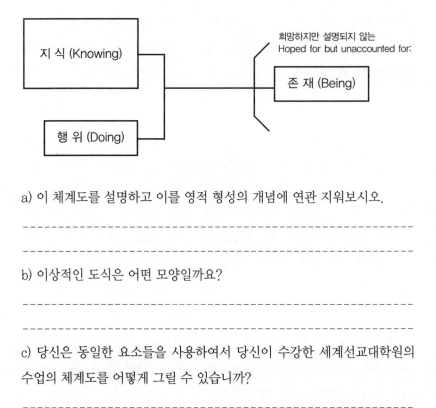

a) 이 체계도를 설명하고 이를 영적 형성의 개념에 연관 지워보시오.

----

b) 이상적인 도식은 어떤 모양일까요?

----

c) 당신은 동일한 요소들을 사용하여서 당신이 수강한 세계선교대학원의 수업의 체계도를 어떻게 그릴 수 있습니까?

해 답(Answers)

수업중 소그룹에서 당신의 대답들을 나눌 준비를 하시오.

2) 사역 형성과 피드백

프레드 홀랜드는 "분리된 철로 울타리 비유"에 영적 형성의 차원을 추가하였다. 이와같은 추가는 훈련의 궁극적 결과를 강조한다. 이것은 지식(knowing) - 존재(Being) - 행동(Doing)이라는 3차원 학습에서 존재라는 요소의 관점에서 훈련을 평가해야 할 필요가 있음을 분명히 하였다. 그는 모든 리더십 훈련에서 이 중요한 학습요소의 필요성을 비교적 충분히 토론한다(Holland 1978:86-110). 그의 비유에서 영적 형성은 다른 학습요소들의 자리하는 토대가 된다. 그래서 이것은 다른 모든 학습요소들에 기초가 되는 것이다. 영적 형성 없는 훈련은 고작해야 제한적인 성공만을 기대할 수 있다. 영적 형성은 영적인 권위에 필수적인 내면적 자질들의 계발이며, 영적인 권위가 없이는 어떠한 사역도 효과적일 수가 없다. 필자는 홀랜드의 모델과 나아가서 영적, 사역적, 전략적인 형성을 포함하는 형성의 개념을 개정하였다. 필자는 리더들의 삶의 사례연구들을 통하여, 세 가지의 형성들은 필수적인 것이고 훈련 프로그램을 설계 할 때마다 가능한 한 반드시 설명되어져야 한다는 것을 발견하였다. 아래는 필자의 사역 형성의 설명이다. 사역 형성은 은사(giftedness)에 대한 이해와 은사가 사역에 있어서 어떻게 사용되는가와 연관이 있다. 이것은 은사의 계발과 그 은사를 사용하는 효과적인 방법을 발견하는 것과 관련이 있다.

정 의

사역 형성은 리더십의 기술들과 리더십의 경험을 습득하고 사역을 위한 은사를 계발하여 리더의 삶을 형성하는 활동이다.

코멘트

사역 형성은 은사와 밀접한 관계가 있다. 리더가 그의/ 그녀의 은사에 대해 배우고, 은사를 계발하고, 그 은사를 사용하는 효과적인 방법을 발견하면 할수록 리더는 더욱 더 효과적인 사역을 할 수 있게 된다.

코멘트

ML521 리더십 은사 계발(Developing Leadership Giftedness)이란 과목은 리더의 은사 발견을 돕고 그 은사를 계발하는 것을 배우도록 디자인된 과목이다.

입 력

ML534 초점이 맞추어 진 삶(Focused Life)이란 과목은 리더가 삶의 목적을 성취하고, 효과적인 방법들을 발견하여 사용하고, 유업을 남겨 놓을 수 있게 하기 위하여 은사에 초점을 맞출 수 있도록 돕는 과목이다.

심화 학습을 위하여

"전략적인 개념들(Strategic Concepts)-초점이 맞추어진 삶을 분명하게 하기 위하여(That Clarify a Focused Life)"을 보라.(특별히 효과적인 방법들을 다루는 장을 보라)

"당신의 은사을 푸는 것(Unlocking Your Giftedness)-리더들이 자신과 다른 사람들을 계발하기 위해 알아야 할 필요한 것 (What Leaders Need to Know To Develop Themselves and Others)"을 보라.

1. 리더들의 삶과 리더들이 어떻게 그들의 은사를 발견하고 계발하고 사용하는지에 대한 연구들의 결과는 그 은사 세트(giftedness set)의 정체가 세 가지 요소들(타고난 능력들, 습득된 기술들과 영적 은사들)로 관련되어 있었다.

_____

_____

_____

2. 당신은 은사 세트의 이러한 요소들 중에서 어떤 요소가 신학교 같은 공식 훈련 형식에서 가장 초점이 잘 맞추어져 있다고 생각하십니까?

_____

_____

_____

3. 당신은 왜 훈련 프로그램의 디자인에 있어서 사역 형성에 주의를 기울이는 것이 중요하다고 생각하십니까?

_____

_____

_____

해 답(Answers)

수업중 소그룹에서 당신의 대답들을 나눌 준비를 하시오.

3) 전략적 형성과 피드백

프레드 홀랜드는 '분리된 철로 울타리 비유'에 영적 형성의 차원을 추가하였다. 이와같은 추가는 훈련의 궁극적 결과를 강조한다. 이것은 지식(knowing) - 존재(Being) - 행동(Doing)이라는 3차원 학습에서 존재라는 요소의 관점에서 훈련을 평가해야 할 필요가 있음을 분명히 하였다. 그는 모든 리더십 훈련에서 이 중요한 학습요소의 필요성을 비교적 충분히 토론한다(Holland 1978:86-110). 그의 비유에서 영적 형성은 다른 학습요소들의 토대가 된다. 그래서 이것은 다른 모든 학습요소들에 기초가 되는 것이다. 영적 형성 없는 훈련은 고작해야 제한적인 성공만을 기대할 수 있다. 영적 형성은 영적인 권위에 필수적인 내면적 자질들의 계발이며, 영적인 권위가 없이는 어떠한 사역도 효과적일 수가 없다. 필자는 홀랜드의 모델과 나아가서 영적, 사역적, 전략적인 형성을 포함하는 형성의 개념을 개정하였다. 필자는 리더들의 삶의 사례연구들을 통하여, 세 가지의 형성들은 필수적인 것이고 훈련 프로그램을 디자인 할 때마다 가능한 한 반드시 설명되어져야 한다는 것을 발견하였다. 아래는 필자의 전략적 형성의 설명이다. 전략적 형성은 하나님께서 리더의 삶을 어떻게 형성시켜서 그리스도 예수 안에서 선한 일(엡2:10절)을 하도록 하는가에 대한 이해와 관련이 있다.

정 의

전략적 형성은 리더의 모든 잠재력을 발휘하고 하나님의 소명을 성취하도록 리더의 삶을 형성하는 활동이다.

코멘트

전략적 형성의 개념은 소명을 끝까지 잘 마치고 업적을 남긴 리더들을 연구하는 질적 리써치 방법론(Qualitative Research Methodology)인 그라운디드 이론(Grouded Theory)으로부터 파생되었다. 초점이 맞추어 진 삶의 기본 개념, 즉 리더가 네 가지 기본 요소들로 귀착되는 하나님이 기름부은 삶의 목적들에 의미있게 공헌할 수 있도록 하나님이 전략적으로 리더의 삶을 형성해 가는 것이다. 필자가 전략적 형성을 이해를 돕기위해 중요한 개념들을 간단하게 정의한다.

정 의

초점이 맞추어진 삶(Focused Life)은
 - 하나님의 특별한 목적들만 성취하기 위하여 헌신된 삶이며,
 - 중요한 이슈들로 인정되는 삶의 목적, 효과적인 방법론, 중요한 역할 혹은 궁극적인 공헌들과,
 - 중요한 이슈들을 중심으로 삶의 활동들이 점진적으로 우선순위화되고,
 - 존재(Being)와 행위(Doing)의 삶을 만족시키는 삶이다.

초점이 맞추어진 삶의 개념	간단한 정의
삶의 목적	삶의 목적은 리더가 어떤 것을 성취하거나 성취한 것을 보도록 동기 부여하는 부르심, 사명 혹은 몰아 가는 힘, 성취를 의미한다.
효과적인 방법론	효과적인 방법론은 리더가 어떤 사역방법, 사용방법, 삶의 방식의 중요한 요소들을 다른 사람들에게 전달할 수 있는 사역적 통찰력, 즉 삶의 목적을 향상하고 궁극적 공헌을 위해 어떤 중요한 사역을 효과적으로 전달해 주는 방법을 의미한다.
중요한 역할	중요한 역할은 기본적으로 리더가 무엇을 하는 가를 기술하고, 다른 사람들에 의해 어떻게 인식되는가와 특별히 리더가 어떤 사람인가와 리더가 삶의 목적들을 효과적으로 성취하게 하는 공식적 혹은 비공식적 위치, 지위, 리더십 기능, 직무 명세서를 의미한다.
궁극적 공헌	궁극적 공헌은 다음의 한 가지 혹은 더 이상의 경우에 의해 기독교 운동을 증진시키고 사람들에게 기억되어지는 한 사람의 크리스천 사역자의 지속적인 업적이다: – 삶과 사역의 표준들을 세운 경우 – 하나님의 나라 안에서 사람들을 계발시키거나 끌어안음으로 삶에 영향을 준 경우 – 세상을 보다 좋은 세상으로 변화시키는 촉진자로서 섬긴 경우 – 하나님의 사역을 더 앞으로 이끄는 운동, 기관, 조직을 남긴 경우 – 하나님의 사역을 증진시키는 프로모션, 커뮤니케이션, 아이디어를 발견한 경우 지금까지 13개의 유형이 확인되었는데 성자(Saint), 특별 유형의 사역 전문가(Stylistic Practitioner), 가정사역자, 멘토, 대중 웅변가(Public Rhetorician), 개척자, 변혁자, 책략자(Artist), 창시자(Founder), 안정자(Stablizer), 연구자, 저술자(Writer), 촉진자(Promoter) 이다.

1. 하나님께서 평생에 걸쳐서 리더들의 삶을 형성하는 것에 대한 연구를 통해 전략적 형성의 궁극적인 결과인 초점이 맞추어진 삶의 개념을 도출하게 되었다. 당신은 신학교같은 가장 공식적인 훈련프로그램안에서 초점이 맞추어진 삶의 네 가지 요소들 중에 어떤 요소가 가장 적게 강조되고 있다고 생각하십니까?

　　___ a. 삶의 목적(life purpose)
　　___ b. 효과적인 방법론들(effective methodologies)
　　___ c. 중요한 역할(major role)
　　___ d. 궁극적인 공헌(ultimate contribution)

2. 만약에 당신이 네 가지 요소들 중에 어떤 요소에 초점이 맞추어진 공식, 무형식 혹은 비공식 훈련프로그램을 보았거나 경험한 것이 있으면 여기에 기술하시고, 소그룹에서 나누도록 준비하시오.

　　___ a. 삶의 목적　　　　　이 요소에 초점이 맞추어진 프로그램의 예:
　　___ b. 효과적인 방법론들　이 요소에 초점이 맞추어진 프로그램의 예:
　　___ c. 중요한 역할　　　　이 요소에 초점이 맞추어진 프로그램의 예:
　　___ d. 궁극적인 공헌　　　이 요소에 초점이 맞추어진 프로그램의 예:

해 답(Answers)
수업 중에 소그룹에서 당신이 나눌 대답들을 준비하십시오.

06 입력(INPUT) - 비유의 트랙 1과 피드백

필자는 홀랜드의 인식적 입력 레일을 확대하여서 주로 정보중심의 인식적 입력만이 아니라 가치변동의 요소인 감성적 요소들과 기술요소들의 입력을 포함시켰다. 간단히 필자는 슈타인 네크(Norman W. Steinaker) 와 벨(M. Robert Bell)의 경험적 분류법에 더 일치하도록 입력을 확대하였다. 이들의 분류법은 배우는 사람이 배운 것을 경험하는 과정에 학습의 통합이 반향되는 것으로 보고 있다. 입력은 배움의 모든 영역들: 인식적(정보:Information), 감성적(감정:Emotions), 능동적(자발적: Volitional), 경험적(삶에 통합되고 사용되는:Integrated in life and used) 과 관련할 수 있다.

정 의

입력은 정보나 학습행위로서 학습자로 하여금 사역에 필요한 지식을 얻게 하고, 삶의 규범이 될 가치체계를 계발하고, 사역에서 기능을 하게 하는데 관련한다.

코멘트

대부분의 공식 훈련은 정보에 편중되는 경향이 있다. 이 정의는 입력이 일을 하는 방법과 아울러 일에 대해 우리가 어떻게 느끼는가를 함께 다루어야 함을 시사하고 있다.

코멘트

리더들의 리더십 출현 이론(Leadership Emergence Theory)의 사례 연구들에 의하면 비공식 훈련이 감성적인 목표를 달성하는 데에 더 효과적임을 나타내고 있다. 공식 훈련은 아마도 인식적인 목표달성에 가장 효과적이었다. 무형식 훈련은 기술을 습득하는 데에 효율적으로 사용되어 왔다. 모든 훈련에서 이들 세 가지 영역에서의 목표를 달성할 수 있도록 좀더 신중해야 함을 인식하는 것이 필요하다.

코멘트

브룸(Benjamin S. Bloom)의 저서 『교육목적의 분류법: 인식적 영역(Taxonomy of Educational Objectives: Cognitive Domain)』을 참조하여서 입력의 인식적 목표를 개선하는 데에 도움을 받도록 하시오.

코멘트

크라스월(David R. Krathwohl)의 저서『교육목적의 분류법: 감성적 영역(Taxonomy of Educational Objectives: Affective Domain)』을 참조하여서 감성적 목표를 개선하는 데에 도움을 받도록 하시오.

코멘트

메이거(Robert F. Mager)의 저서『목표 분석(Goal Analysis)』을 참조하여서 감성적 목표를 측정하는 데에 도움을 받도록 하시오.

코멘트

슈타인 네크와 벨의 저서『경험적 분류법: 가르침과 배움의 새로운 접근법(The Experiential Taxonomy: A New Approach to Teaching and Learning』을 참조하여서 지식, 기술, 가치의 통합으로서 학습을 볼 수 있도록 도움을 받으시오.

1. 세계 선교대학원에서 현재 받고 있는 수업을 분석하라. 그리고 다음 사항들을 취급하고 있는 요소들을 밝히시오.

   a) 인식적 입력(정보)를 다루고 있는 과목은 어떤 과목이 있나?

_____

_____

_____

   어떻게 다루는가?

_____

_____

_____

   b) 감성적 입력(학습의 감정적인 면)을 다루고 있는 과목은 어떤 과목이 있나?

_____

_____

_____

   어떻게 다루는가?

_____

_____

_____

c) 능동적 입력(학습의 자발적인 면)을 다루고 있는 과목은 어떤 과목이
   있나?

   어떻게 다루는가?

   ----

d) 경험적 학습(삶 안에서 인식적, 감성적, 능동적인 통합- 즉 기술과
   그와 같은 것)을 다루고 있는 과목은 어떤 과목이 있나?

   어떻게 다루는가?

해 답(Answers)

수업 중에 소그룹에서 당신이 나눌 대답들을 준비하십시오.

어떤 훈련을 받고 있는 학생들이든지 사역 경험의 관점에서 훈련프로그램이 어떻게 이해 되는가 혹은 그것이 언제 사용될 것인가와 관련하여 학습을 하는 시기에 의하여 각기 서로 다르게 배울 것이다. 아래의 그림은 훈련프로그램 설계자가 사역에서의 학습자의 경험의 관점에서 개정된 홀랜드의 두 트랙 비유의 어떤 면에 초점이 맞추어져야 하는지를 생각하는 데 도움을 준다. 아래의 그림은 오늘날 현존하는 리더들 중에서 훈련이 일어날 때의 네 시기를 하나의 연속선으로 보여 준다.

설 명

시기- 사역 상황Time-Ministry Context)--훈련에 관련된 네 시기

비사역	사역전	사역중	사역중 중단
A-service	Pre-service	In-service	Interrupted In-service

⟨--- 가장 비효과적 (Least Effective) 　　　가장 효과적 (Most Effective) ---⟩

그 림: 훈련이 일어날 때 현재 경험 혹은 훈련의 실제 사용과의 관계

사역 경험	설　명
A-service (비사역)	'A-service'는 실제 사역과 전혀 관계가 없는 훈련을 의미한다. 이것은 배워도 되고 그렇지 않아도 된다. 때때로 통신 성경공부가 이것의 예가 된다. 'A-service'는 훈련생의 사역을 고려하지 않는 훈련에 속한다. 항상 인식적인 정보에 강조점이 있다.

Pre-service (사역 전)	여기에서 'service'는 풀타임 사역을 의미한다. ' Pre-service '는 훈련생이 앞으로 사역을 할 것과 미래에 그 훈련받은 것을 사용할 것을 예상하는 훈련을 의미한다. 때때로 그러한 프로그램들 중에서 배운 것들의 많은 부분이 실제의 사역과는 관련이 없는 경우가 있다. 배운 부분의 많은 부분을 잊어버리게 되는데 그것은 배운 즉시 사용하지 않기 때문이다. 때때로 목회학 석사과정(M.Div)이 이 범주에 속한다.
In-service (사역 중)	여기서 'in-service'는 훈련생이 전임사역자이든 아니든지 어떤 장소에서 사역을 하고 있는 것을 의미한다. 훈련생의 실제 사역 경험은 다양하다. 'In-service' 훈련은 리더가 사역을 계속하면서도 책임지고 사역의 진보를 위해서 파트타임으로 공식, 무형식 그리고 비공식 훈련을 받는 것을 의미한다. 이러한 훈련의 장점은 배운 것을 즉시 사용하는 것이고 필요에 때문에 배우려는 강한 의욕을 가지고 있는 것이다. 이러한 훈련의 단점은 너무나 많은 사역 책무 때문에 바쁜 가운데 훈련을 받는 것과 필요로 하는 집중을 하지 못하는 것이다. 선교대학원에 있는 글로벌 리더십 석사과정(M.A. in Global Leadership)이 하나의 'In-service' 실례이다.
Interrupted In-Service (사역 중 중단)	여기서 'in-service'는 항상 풀타임 훈련생을 의미한다. ' interrupted '의 의미는 사역의 압박, 문제, 책임을 다른 사람에게 맡기고 오랜 시간 동안 사역환경으로부터 벗어나 있는 것을 의미한다. 그래서 'Interrupted in-service' 훈련은 안식년같이 오랜 시간동안 훈련을 받는 것을 의미한다. 수년 동안 사역의 경험을 가지고 있는 계획적인 훈련을 하기 위해 사역으로부터 계획적으로 시간을 떼어내는 것이다. 공식 훈련의 관점에서 보면 이것은 사역의 책임을 벗어나서 1년 혹은 2년 동안 풀타임으로 훈련에 전념하는 것을 의미한다. 리더는 훈련의 유형들(공식, 무형식, 비공식)이 섞여진 훈련을 선택할 수 있다. 어떤 경우이든지 ' Interrupted in-service' 훈련은 가장 효과적인 훈련을 제공해 준다. 리더는 필요에 따른 배우려는 바른자세와 계획을 가지고 있다. 그 훈련은 필요들에 딱 맞게 할 수 있다. 리더는 배우는 자료들에서 많은 전망들을 얻는 경험을 한다. 이 훈련의 단점은 사역을 일정한 시간동안 하지 못하고, 사회적인 위치의 단절, 훈련의 높은 비용, 훈련 후에 귀임 문제(re-entry problem)들이다. 연구를 위한 안식년들이 이 범주의 훈련에 속한다.

1) 시기와 사역 상황과 피드백

시기와 사역 상황은 다음의 나무 도표를 사용하여 좀 더 자세히 설명된다.

훈련 방법(Training Approaches)

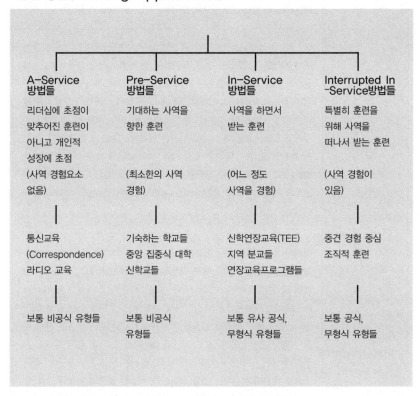

A-Service 방법들	Pre-Service 방법들	In-Service 방법들	Interrupted In -Service방법들
리더십에 초점이 맞추어진 훈련이 아니고 개인적 성장에 초점 (사역 경험요소 없음)	기대하는 사역을 향한 훈련 (최소한의 사역 경험)	사역을 하면서 받는 훈련 (어느 정도 사역을 경험)	특별히 훈련을 위해 사역을 떠나서 받는 훈련 (사역 경험이 있음)
통신교육 (Correspondence) 라디오 교육	기숙하는 학교들 중앙 집중식 대학 신학교들	신학연장교육(TEE) 지역 분교들 연장교육프로그램들	중견 경험 중심 조직적 훈련
보통 비공식 유형들	보통 비공식 유형들	보통 유사 공식, 무형식 유형들	보통 공식, 무형식 유형들

균형잡힌 학습을 위한 시기와 사역 상황의 함축된 내용들

A-Service

'A-service' 훈련은 일반적으로 입력(Input)에 초점이 맞추어져 있다. 사역에는 훈련이 거의 없다. 교육적 기술이 지배적이다. 혹시 영적 형성이 있다면, 보통 내적 성장에 초점이 맞추어져 있고 설명은 거의 없다.

'A-service' 훈련은 보통 원거리 모델에 연결되어 있는 반면에, 입력에 초점이 맞추어져 있는 공식적 교실 수업들이 자주 'A-service' 영역에 빠지는 것은 주목할 만한 사실이다. 이 시기와 사역 상황은 균형잡힌 훈련의 관점에서 가장 비효과적인 것이다.

Pre-Service

'Pre-service' 훈련은 보통 교육학과 함께 교육적과 성인교육적인 기술의 혼합체를 널리 보급시킬 것이다. 균형잡힌 훈련을 위해서, 홀랜드 비유의 사역 경험의 트랙은 '입력(Input)'과 밀접한 관계임에 틀림이 없다. 경험적인 학습은 입력 학습보다 더 조심스럽게 디자인되어야 한다. 역동적 반향은 보통 학습자의 경험이 제한되어 있기 때문에 대리의 경험들을 이용한다.

영적 형성은 내적 삶의 성장 과정 요소들에 초점이 맞추어져야 한다. 더욱이 그것은 성숙 과정을 예상하여야 하고, 중요한 리더십의 기초로서 영적 권위를 위한 동기가 부여 되어야 한다. 이 시기와 사역 상황은 만약 경험적 학습 트랙이 계획적으로 디자인되어 이해되고 또한 입력이 경험적 학습과 연관되어 있다면 효과적인 하나의 균형잡힌 학습 모델이 될 수 있다. 반면에 이 시기와 사역 상황이 균형잡히지 않으면 보통 다음의 'in-service'나 'interrupted in-service'의 보조적으로 밖에 될 수 없을 것이다.

In-Service

'In-service' 훈련은 성인교육과 교육적인 기술들의 하나의 혼합체이다. 이 훈련은 보통 학습자가 매일의 삶에서 많은 책무들에 짓눌리기 때문에 입력을 동화하는 데 약하다. 만약 이해되었다면, 경험적 학습 트랙은 하나의 능력있는 학습 동기가 될 수 있다. 영적 형성은 시간이 매우 제한적이기 때문에 이 훈련은 계획적으로 디자인되어야 한다. 성인교육 기술들이 주도적이고 역동적 반향과 영적 형성이 이해되는 곳은 이 시기와 사역 상황이 훈련에서 가장 균형잡힌 시기로서 'interrupted in-service' 시기에 비해 두 번째 일 것이다.

Interrupted

성인교육 기술들은 보통 'interrupted in-service' 훈련을 주도한다. 입력은 과거의 경험에 의해 역동적 반향을 자극해야 한다. 역동적 반향은 이 시기와 사역 상황에서 가장 많은 초점이 맞추어진 요소가 되어야 한다. 영적 형성은 부르심의 갱신과 소명감의 평가, 영적 권위와 수렴을 향해 동기를 부여해야 한다.

1. 당신은 제1장에서 패트리시아 해리슨(Patricia Harrison)의 두 모델 (학교 모델과 계발 모델)을 소개한 것을 기억할 것이다. 각기 시기와 사역 상황들을 어떤 해리슨 모델들에 적합한지를 제시하시오. 어떤 것에 적용할지를 체크하시오.

시기와 사역 상황	학교 모델	계발 모델
A-Service		
Pre-Service		
In-Service		
Interrupted In-Service		

2. 아래에 있는 (수평선을 따라 쓰여있는) 홀랜드 모델의 각기 요소들 중에 당신이 느끼는 어떤 요소들이 다양한 시기와 사역 상황에 적합하게 성취되겠는지를 체크(수직선을 따라)하시오.

시기와 사역 상황	입 력 인식적,	감성적,	능동적,	경험적	사역 경험	형성들 영적,	사역적,	전략적	역동적 반향
A-Service									
Pre-Service									
In-Service									
Interrupted In-Service									

3. 학습을 위한 동기 부여의 관점에서 시기와 사역 상황의 방법들을 순위를 정하시오. 당신의 순위에 대해 짧게 이유를 말하시오.

순 위(Rank)	순위를 정한 이유(Why Put in Rank)
1	
2	
3	
4	

4. 당신의 견해에 의하면, 이 시기와 사역 상황의 방법들 중에 어떤 것이 역동적 반향을 가장 잘 사용할 것이라고 생각하십니까?

----

5. 당신의 견해에 의하면, 이 시기와 사역 상황의 방법들 중에 어떤 것이 가장 최선의 형성들이 최선의 결과들을 초래하게 한다고 생각하십니까(영적, 사역적, 혹은 전략적)?

1.

시기와 사역 상황	학교 모델	계발 모델
A-Service	X	
Pre-Service	X	
In-Service	X	X
Interrupted In-Service		X

2.

시간과 사역 상황	입 력 인식적,	감성적,	능동적,	경험적	사역 경험	형성들 영적,	사역적,	전략적	역동적 반향
A-Service	X	X		X?	X				
Pre-Service	X	X	X?			X?	X?		??
In-Service	X	?		X	X	?	X	?	X
Interrupted In-Service	X	X	X	X	X?	X	X	X	X

3.

순 위(Rank)	순위를 정한 이유(Why Put in Rank)
1. Interrupted In-Service	필요 중심의 학습이 초점
2. In-Service	학습과 적용이 동시에 일어남
3. Pre-Service	일반적으로 학습에 풀타임으로 할 수 있음
4. A-Service	만약 입력이 타당하면 사람들이 동기 부여됨

4. 역동적 반향은 일반적으로 'interrupted in-service' 시기와 사역 상황에서 가장 잘 일어난다. 'In-service' 시기와 사역 상황은 근소한 차의 두 번째가 될 것이다.

5. 강한 무형식 유형이 사용되는 곳에서는 영적 형성은 'in-service' 시기와 사역 상황에서 가장 잘 일어날 수 있다. 'Interrupted in-service' 시기와 사역 상황이 근소한 차의 두 번째이다.
만약 모방 모델(현존 모델)이 강하면, 거주하는(공동체에 사는) 'pre-service' 시기와 사역 상황이 또한 효과적으로 될 수 있다.

2) 사역 중 경험과 피드백

사역에는 실제적인 경험을 통해서만 배울 수 있는 것이 많이 있다. 훈련환경은 행동을 통해서 배울 수 있는 기회를 제공하여야 한다. 사역중 경험을 통하여 입력된 것을 실제 사역환경에 적용하여야 할 필요성을 인식하게 된다.

정 의

사역 중 경험은 입력의 적용을 특별히 강조하는 행동을 통한 학습을 촉진하기 위하여 훈련환경에 계획적으로 디자인해 넣은 활동과 프로그램을 의미한다.

코멘트

조지 랑(George Lang)의 논문 "역사적 관점에서의 사역훈련(Lang, 1981)"에 의하면, 최근까지도 대부분의 훈련이 행동을 통한 학습에 중점을 둔 도제 훈련을 통하여 이루어 졌음을 나타내고 있다.

코멘트

홀랜드(Holland, 1978:111~135)는 훈련에 관한 웨슬리(Wesley)의 접근에 대하여 논하면서, 훈련의 주요 초점이 입력의 지지를 받는 행동에 의한 학습인 것을 지적한다.

코멘트

현장 교육은 훈련에 관련된 사람들에게 연구의 초점으로 급격히 부상되어서, 교육심리학, 교육학 및 성인교육학등과 같은 비중을 갖게 된 학문분야이다. 이와 같은 급격한 발전은 교육에 대한 지식적 접근과 매일 생활에서의 실제 적용을 통합하는 것에 대한 필요성을 표시하고 있다.

코멘트

다우니(Downey)는 그가 풀러신학교 선교대학원에서 쓴 리더십에 관한 미 발간 박사학위논문에서 경험적 훈련과 연관하여 현장교육이론에 대해 논하고 있다. 이 중요한 학문 분야에 대한 그의 뛰어난 참고문헌 목록은 우리가 더 깊은 연구를 하는데 도움이 된다. 이 논문에서 다우니는 자이레(Zaire)에서의 리더십 훈련은 실제 사역의 상황에서 이루어 져야 한다는 점을 이론적인 관점에서 증명하려고 한다.

코멘트

데이브 콘필드(Dave Kornfield)가 남미의 여러 신학교를 대상으로 쓴 박사학위 논문을 보라. 이 논문은 거주 모델을 통해서 가장 효과적으로 배울 수 있는 것과, 사역 경험을 통해서 가장 잘 배울 수 있는 것을 제시하고 있다.

1. 우리는 이전에 훈련을 공식(formal), 무형식(nonformal), 비공식 (informal) 등 세 가지 유형으로 나누어 소개하였다. 만약 당신이 이들 세 가지 범주를 각기 사역경험에 중점을 두는 순서로 연속선상에 놓는다면, 공식 훈련을 가장 왼쪽에 두어서 사역훈련이 가장 적은 효과를 나타내고, 무형식 훈련을 좀 더 오른쪽에 두어서 사역 훈련을 잘 강조하고 있음을 나타낼 것이다. 그리고 비공식 훈련을 가장 오른쪽에 두어서 대부분의 것들이 사역경험을 통해서 배워짐을 의미할 것이다.

선교대학원은 공식 훈련 유형이다. 학생들은 위한 사역 경험에 대한 배려는 없다. 그러나 학생들이 이 선교대학원에서 그들이 보낸 시간을 통해 자신들의 가장 생산적인 훈련을 경험했다는 간증을 하는 것을 여러분들은 계속해서 들을 것이다.

필자가 홀랜드의 두 트랙의 비유의 이 요소(사역 경험)를 중요성을 강조하는 관점에서 이와 같은 반응이 일어나는 것을 어떻게 당신은 설명할 수 있겠는가?(힌트: 선교대학원에서 'in-service' 사역이 어떻게 설명되고 있는가)

----

2. 당신은 사역훈련 프로그램의 종합적인 취지로서 사역 경험을 강조하는 어떤 모델들과 친숙합니까? 다우니(1982b)는 슈타인네크와 벨의 경험적인 분류법(Steinaker and Bell 1979)의 입력을 사용했다. 이 분석은 입력을 삶의 경험에 연관을 지웠는데 그 결과 예수님의 열두제자 훈련에 대한 새로운 통찰을 발견하게 되었다.

해 답(Answers)

수업 중에 소그룹에서 당신이 나눌 대답들을 준비하십시오.

3) 역동적 반향과 피드백

우리는 홀랜드의 세미나 (TEE 학생들이 자기들 집에서 가까운 장소에서 반복적으로 모이는 것을 의미하는 TEE 개념)에 대한 개념을 확대하여 모든 훈련에서 일어나는 반추적인 사고를 포함하였음을 언급하였다. 그 본질에 있어서 역동적 반향은 학습이 진행 중인 역동적 과정임을 인정하는 계발훈련 모델이다.

정 의

역동적 반향은 상호 작용하는 사고과정으로서 한편으로는, 삶의 경험이 학습에 의해 영향을 받을 수 있도록 입력에서 얻은 아이디어와 삶의 경험과의 관계를 발견하고자 하고, 다른 한편으로는 생활에서 학습의 발견을 촉진하여서 입력이 생활학습에 의해 영향을 받을 수 있도록 한다.

역동적 반향의 몇 가지 용도

역동적 반향은

- 훈련생에게 삶과 아이디어에 대한 계속적인 평가과정을 가르친다,
- 훈련생들에게 감성적이고 인식적이고 경험적인 영역에서, 아이디어들을 연관 지우는 관점에서 사고하는 것을 가르친다,
- 학습의 전달에 대한 책임을 강요한다,
- 영적 형성과 다른 형성들에 대한 책임을 강요한다,
- 배운 것을 삶에 적용하는 것에 초점을 둔다,
- 훈련생들이 삶에서 배우는 것으로 추정한다.

사 례

예수님의 훈련사역에 대한 다우니의 분석(Downey 1982b)은 슈타인네크와 벨의 경험적인 분류법(Steinaker and Bell 1979)의 입력을 사용했다. 이 분석은 입력을 삶의 경험에 연관을 지웠는데 그 결과 예수님의 열두제자 훈련에 대한 새로운 통찰을 발견하게 되었다.

사 례

랑의 훈련에 관한 역사적인 논문(Lang 1981)은 과거 삶의 경험을 찾아내어서 그것으로부터 다른 훈련환경에 새로운 입력으로 적용될 수 있는 개념을 도출해 낸다.

코멘트

위의 두 가지 사례 모두 대 규모의 역동적 반향을 나타내고 있다. 그러나 역동적 반향은 한 개의 개념 혹은 삶의 한 단면의 관찰에서 이루어 질 수 있다. 그것은 공식 훈련 수업 환경에서는 상호관계적인 사고를 강요하거나 혹은 어떤 환경에서 한 개의 개념을 발견하도록 강요하는 질문들을 통해서 촉진될 수 있다.

주 의

역동적 반향이 없이, 훈련생이 학습한 내용의 적합성을 찾을 수 있을지 미지수이다.

1. 어떤 철학적 모델이 역동적 반향을 더 잘 설명을 하는가?

  a. 학교모델,   b. 계발모델,   c. 둘 다 동등히 잘함,   d.둘 다 아님

2. 주로 강의에 의해 입력이 이루어지는 큰 규모의 공식 훈련수업에서는 역동적 반향이 어떻게 설명되는가?

_____

_____

_____

3. 역동적 반향에 대한 개념은 시기와 사역 상황의 중요성을 지적한다. 어느 항목이 역동적 반향에서 가장 강한지를 표시하시오. 다음 공란에 가장 강하다고 느끼는 것에 1, 그리고 다음에 2, 등등으로 나타내시오.

_____ a. A-Service (비 사역)

_____ b. Pre-Service (사역 전)

_____ c. In-Service (사역 중)

_____ d. Interrupted In-Service (사역 중 중단)

4. 훈련 프로그램에서 역동적 반향 활동을 제거하면 어떤 영향을 끼칠까?

_____

_____

_____

1. b

2. 역동적 반향은 일반적으로 잘 취급되지 않는다. 왜냐하면 강의를 주요 입력으로 사용하는 대규모 수업은 학교 모델을 따르고 있기 때문이다. 때때로 역동적 반향은 논문프로젝트에 포함이 될 수 있으나 숙제에 대한 검사결과가 항상 너무 늦어지고 또한 피드백이 너무 적어서 역동적 반향활동으로서의 효과가 거의 없다. 어떤 큰 규모의 학급은 작은 '실습실 과제'를 통하여 보조교사가 학급의 작은 그룹에게 질문을 답하기도 한다. 어떤 교수들은 근무시간을 활용하기도 하나 단지 소수의 학생들만이 역동적 반향의 도움을 받는다.

3. 시기/사역 상황 요소를 역동적 반향의 잠재력 관점에서 순위를 매기면 다음과 같다.

___4___ a. A-Service (비 사역)

___3___ b. Pre-Service (사역 전)

___2___ c. In-Service (사역 중)

___1___ d. Interrupted In-Service (사역 중 중단)

4. 역동적 반향 활동들은 배운 것의 적합성을 나타내는데 도움이 된다. 이 역동적 반향을 제거하면 그 자료가 먼 훗날 사용되거나, 혹은 그다지 적합하지 않은 것으로 생각하기 쉽다.

이 모델의 첫 부분에 명시된 목표들은:

1. 당신은 개정된 홀랜드의 두 트랙 비유의 4개의 주요 요소들에 대해 당신 자신의 말로 열거하고 서술 하시오.

2. 어떤 특정 주어진 훈련프로그램을 분석하기위해 4개의 요소들을 아주 자세히 사용할 수 있어야 합니다. 이 의미는 당신이 개정된 홀랜드의 두 트랙 비유의 네 가지 특징들의 관점에서 주어진 훈련 모델 안에서 무엇이 일어나고 무엇이 일어나고 있지 않은지를 설명할 수 있다는 것입니다.

3. 당신은 새로운 훈련프로그램을 합성하기 위해서 네 가지 요소들을 아주 자세히 사용할 수 있어야 합니다. 이 의미는 당신이 개정된 홀랜드의 두 트랙 비유의 세부적인 개념들을 사용하여 새로운 훈련프로그램의 특징들을 서술할 수 있다는 것입니다. 당신은 이 홀랜드 모델의 네 가지요소들을 각기 적절하게 설명할 수 있다고 확신하게 될 것이다.

목표 1. 필자가 개정한대로 홀랜드의 두 트랙 비유의 4가지 구성요소를 당신 자신의 말로 열거하고 설명하시오.

목표 2. 리더십 훈련 모델론의 독서목록(LTM Reader)에 주어진 훈련프로그램들 중에 어떤 것을 선택하시고, 그것의 초록(Abstract)을 빨리 훑어보시오. 당신이 개정된 홀랜드의 모델의 네 가지 요소들 중에 어떤 것이 일어날 것인지 예견할 수 있는지 보시오. 만약 당신이 맞는지 혹은 맞지 않는지를 보기 위해 계속해서 읽으시오. 개정된 홀랜드의 모델을 사용하는 이 훈련 환경에 대해서 토론할 준비를 하시오.

목표 3. 당신이 당신의 훈련프로그램 디자인 페이퍼를 쓸 때에 이중에 하나를 할 수 있다.

●● 당신은 주어진 훈련프로그램을
●● 분석하는데 네 가지 요소들을
●● 세부적으로 사용할 수 있어야
   한다. 당신은 새로운 훈련프로
   그램 설계하고 종합하는데 네
   가지 요소들을 사용할 수 있어
   야 한다.

4장 개정된 시스템 모델의 확장 – 요소 1, 2

이 장에서는 제2장에서 개략적으로 소개된 개정된 체계 모델을 더욱 확장하겠다. 또한 제2장에서 소개된 두 가지의 전반적인 평가 모델을 계속해 나갈 것이다. 학습에 있어서 균형을 강조하는 개정된 홀랜드 모델을 확장하면서, 우리는 더욱더 세부적으로 개정된 시스템 모델을 검증할 것이다. 홀랜드의 모델은 훈련프로그램의 요점들의 균형을 맞추는 관점으로부터 훈련 환경을 바라보는 반면에, 개정시스템모델은 훈련방법론이 얼마나 효과적으로 훈련의 필요사항들을 충족시키는지를 분석하는 관점에서 훈련환경을 조망한다.

목 표

1. 당신은 개정시스템모델의 4가지 구성요소들을 열거하고 정의할 수 있어야 한다.
2. 당신은 어떤 주어진 훈련환경에서, LTM 독서목록에 있는 것처럼 이 모델의 4가지 요소들의 특징들을 설명할 수 있어야 한다.
3. 더 나아가서 당신은 어떤 주어진 훈련환경이 이 모델의 어떤 주어진 요소를 어떻게 잘 반영하고 있는지를 평가할 수 있어야 한다.
4. 마지막으로 당신은 어떤 주어진 훈련환경에서 어떤 요소가 중점이 되고 있는지와 이 모델이 그 훈련에 적합한지 아닌지를 지적할 수 있어야 한다.

코멘트

이 개정시스템모델은 산업엔지니어링에서 사용하는 시스템모델을 개정한 것이다. 필자는 단순히 구성요소들을 시장을 위한 상품의 생산이라기보다는 훈련 감각에 맞게 변경하였다.

02 공장모델

공장의 생산을 평가하기 위하여 사용되는 약식 계통도는 아래와 같이 4
가지 구성요소를 가지고 있다.

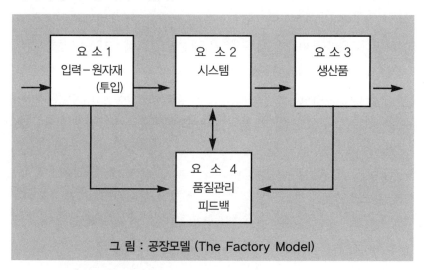

그 림 : 공장모델 (The Factory Model)

도 표 : 개정시스템모델의 설명

요소 또는 흐름(Flow)	설 명 (Explanation)
요소 1 (Input)	생산품을 제조하기 위해서 공장이 사용할 원자재를 말한다.
요 소 2 (The System)	조립라인이나 기계들을 통하여 생산품이 되기 위해서 원자재가 반드시 통과해야 하는 실제공장공정과정을 말한다.
요 소 3 (The Outgoing Product)	원자재가 실제생산시스템을 통과한 후 생산된 최종 완성제품을 말한다.
요 소 4 (Quality Control, Feedback)	품질관리장치를 말한다: 즉 들어오는 원자재를 테스트하기 위해 입력을 감시하고, 실제공정과정이 질적 수준을 유지하는지 테스트하고, 실제 완성제품이 소비자의 필요들을 만족시키는지 확인하는 테스트를 하는 정보 네트워크를 말한다.

사 례

만약 이것이 야구배트를 만드는 공장이라면:

요소 1은 나무이며

요소 3은 야구배트들이며

요소 2는 나무를 자르고, 모양을 만들어서 배트로 완성시키는 선반과
각종 기계들 아울러 공장근로자들의 실제적인 제조공정을
의미한다.

요소 4는 야구배트를 생산 공정의 각 주요단계에서 검사하는 품질관리
작업자들이다. 그들은 최종적으로 다음과 같은 질문을 한다:
이것은 실제 사용하는 데에 적합한가? 오래 견딜 수 있는
가? 선수들이 좋아할까? 사람들이 살까? 이 배트를 개선하
기 위해서 고객들이 어떤 의견들을 제안할까? 등등.

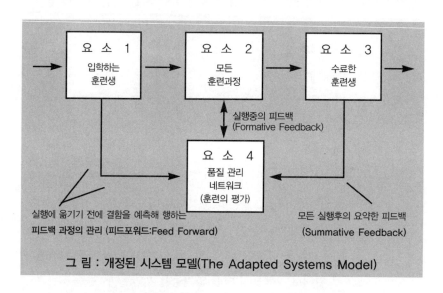

요 소 1
입학하는
훈련생

요 소 2
모든
훈련과정

요 소 3
수료한
훈련생

실행중의 피드백
(Formative Feedback)

요 소 4
품질 관리
네트워크
(훈련의 평가)

실행에 옮기기 전에 결함을 예측해 행하는
피드백 과정의 관리 (피드포워드:Feed Forward)

모든 실행후의 요약한 피드백
(Summative Feedback)

그 림 : 개정된 시스템 모델(The Adapted Systems Model)

도 표 : 개정된 모델의 설명

요소 혹은 흐름(Flow)	설 명 (Explanation)
1- 입학하는 훈련생	훈련생들은 훈련과정에 들어옴으로 훈련되어지는 사람들을 의미한다. 시간/사역 상황은 이것을 평가하는데 귀중하다.
2- 전체 훈련과정	전체 훈련과정은 넓은 의미로 커리큘럼 전체, 즉 훈련자들, 훈련의 내용, 훈련 방법, 훈련의 자원들, 훈련의 제약사항들, 등을 의미한다. 간단히 말해서 이 훈련과정은 공식적인 커리큘럼이든 아니든 훈련과정을 통해서 훈련생들에게 영향을 미치는 모든 것을 포함하고 있다.
3- 수료한 훈련생	수료생들은 그들의 훈련과정을 마치고 나가는 학생들을 의미하고, 그들은 훈련을 받은 대로 기능을 하게 된다. 요소 3(훈련을 받고 배출되는 학생들)은 훈련이 끝난 직후 혹은 시간이 경과된 미래에 기대할 수 있다.

4- 품질 관리, 네트워크	품질관리, 네트워크는 훈련과정이 어떻게 잘 진행되고 있는지에 관한 정보를 얻는 방법이며, 훈련생들이 훈련과정에 있는 동안 그들에게 영향을 주기 위해서 훈련과정을 즉각적으로 수정하기 위하여 수정된 입력을 하기 위한 방법, 혹은 다음 그룹의 훈련생들을 위해 훈련과정을 수정하는 사후 수정을 위한 방법이다.
1-4 피드포워드 (Feed Forward)	이 경로는 훈련시스템에 흘러들어오는 정보를 의미하는데, 이것은 훈련생들에 맞게 시스템을 변화시키는데 사용될 수 있다.
4-1 피드포워드 (Feed Forward)	이 경로는 시스템으로부터 훈련생들에게로 오는 정보를 의미하는데, 이 정보는 훈련생들을 수정하게 될 것이다. 경로 1-4와 4-1 모두 피드포워드라고 불리는데 왜냐하면 그 정보는 훈련과정이 시작되기 전에 활동적이기 때문이다.
4-2 실행중의 피드백 (Formative)	이 경로는 훈련과정이 진행되는 동안에 얻어진 정보를 의미하는데, 이 정보는 훈련과정이 진행되는 동안에 시스템 설계를 향상시키는데 도움을 준다. 이 훈련과정은 시스템에 즉각적인 영향을 주기위해 도중에도 수정을 한다.
2-4 실행중의 피드백 (Formative)/실행후의 피드백(Summative)	이 경로는 훈련이 진행되는 동안에 얻어진 정보인데, 새로 훈련생들, 요소1에 영향을 미치거나 현재 수료생들의 기대를 수정하는 요소3에 영향을 미친다.
3-4 모든 실행후의 요약한 피드백 (Summative Feedback)	이 경로는 앞으로 훈련생들을 위하여 훈련을 받은 후에 훈련시스템을 수정하는데 사용할 정보를 의미한다.

1) 시기/사역 상황의 복습

훈련을 받아야 할 학생들, 즉 요소1을 분석을 분석할 때 도움이 될 수 있는 하나의 관점은 이미 소개한 시기/사역 상황이다. 시기/사역 상황의 관점에서 훈련을 받아야 하는 학생들에게 초점을 맞추어 생각하면서 다시 복습을 한다.

설 명- 시기-사역 상황Time-Ministry Context)--

훈련에 관련된 네 시간대

| 비사역 | 사역전 | 사역중 | 사역중 중단 |
| A-service | Pre-service | In-service | Interrupted In-service |

⟨--- 가장 비효과적 (Least Effective)   가장 효과적 (Most Effective) --⟩

그 림: 훈련이 일어날 때 현재 경험 혹은 훈련의 실제 사용과의 관계

사역 경험	설 명
A-service (비사역)	'A-service'는 실제 사역과 전혀 관계가 없는 훈련을 의미한다. 이것은 배워도 되고 그렇지 않아도 된다. 때때로 통신 성경공부가 이것의 예가 된다. 'A-service'는 훈련생의 사역을 고려하지 않는 훈련에 속한다. 항상 인식적인 정보에 강조점이 있다.

Pre-service (사역 전)	여기에서 'service'는 풀타임 사역을 의미한다. 'Pre-service'는 훈련생이 앞으로 사역을 할 것과 미래에 그 훈련받은 것을 사용할 것을 예상하는 훈련을 의미한다. 때때로 그러한 프로그램들 중에서 배운 것들의 많은 부분이 실제의 사역과는 관련이 없는 경우가 있다. 배운 부분의 많은 부분을 잊어버리게 되는데 그것은 배운 즉시 사용하지 않기 때문이다. 때때로 목회학 석사과정(M.Div)이 이 범주에 속한다.
In-service (사역 중)	여기서 'in-service'는 훈련생이 전임사역자이든 아니든지 어떤 장소에서 사역을 하고 있는 것을 의미한다. 훈련생의 실제 사역 경험은 다양하다. 'In-service'훈련은 리더가 사역을 계속하면서도 책임지고 사역의 진보를 위해서 파트타임으로 공식, 무형식 그리고 비공식 훈련을 받는 것을 의미한다. 이러한 훈련의 장점은 배운 것을 즉시 사용하는 것이고 필요 때문에 배우려는 강한 의욕을 가지고 있는 것이다. 이러한 훈련의 단점은 너무나 많은 사역 책무 때문에 바쁜 가운데 훈련을 받는 것과 필요로 하는 집중을 하지 못하는 것이다. 선교대학원에 있는 글로벌 리더십 석사과정(M.A. in Global Leadership)이 하나의 'In-service' 실례이다.
Interrupted In-Service (사역 중 중단)	여기서 'in-service'는 항상 풀타임 훈련생을 의미한다. 'interrupted'의 의미는 사역의 압박, 문제, 책임을 다른 사람에게 맡기고 오랜 시간동안 사역환경으로부터 벗어나 있는 것을 의미한다. 그래서 'Interrupted in-service'훈련은 안식년같이 오랜 시간동안 훈련을 받는 것을 의미한다. 수년 동안 사역의 경험을 가지고 있는 계획적인 훈련을 하기 위해 사역으로부터 계획적으로 시간을 떼어내는 것이다. 공식 훈련의 관점에서 보면 이것은 사역의 책임을 벗어나서 1년 혹은 2년 동안 풀타임으로 훈련에 전념하는 것을 의미한다. 리더는 훈련의 유형들(공식, 무형식, 비공식)이 섞여진 훈련을 선택할 수 있다. 어떤 경우이든지 'Interrupted in-service' 훈련은 가장 효과적인 훈련을 제공해 준다. 리더는 필요에 따른 배우려는 바른자세와 계획을 가지고 있다. 그 훈련은 필요들에 딱 맞게 할 수 있다. 리더는 배우는 자료들에서 많은 전망들을 얻는 경험을 한다. 이 훈련의 단점은 사역을 일정한 시간동안 하지 못하고, 사회적인 위치의 단절, 훈련의 높은 비용, 훈련 후에 귀임 문제(re-entry problem)들이다. 연구를 위한 안식년들이 이 범주의 훈련에 속한다.

2) 리더십의 5단계와 리더의 다섯가지 유형

① 리더십의 5단계

리더들을 훈련할 때에 훈련받는 리더들의 수준들을 이해하는 것은 도움이 된다. 영향력의 범위[2]는 사용될 수 있는 하나의 기준이 된다. 리더의 유형학은 리더들이 낮은 수준에서 높은 수준으로 오를 때에 리더들이 직면하게 되는 세 가지 중요한 문제들을 정확히 지적하는 것을 도와준다. 이 문제들은 교회가 출현함에 따라서 온 세계에서 계속적으로 직면하게 될 것이다. 훈련자들은 이 문제들을 반드시 인식해야 하며 리더의 이 다섯 가지 유형 마다 각기 훈련을 받을 때에 언급을 해야 한다.이 문제들은 다음의 것들을 포함하고 있다: 1. 경험의 차이(Experience Gap), 2. 경제적인 장벽(Financial Barrier), 3. 전략적인 장벽(Strategic Barrier).

---

2) 영향력의 범위(Sphere of Influence)는 영향을 받는 사람들의 전체(totality of people)를 의미하고, 리더는 그들을 위하여 하나님 앞에서 회계할 것이다. 이 영향을 받는 사람들의 전체는 직접 영향(direct influence), 간접 영향(indirect influence)과 조직적 영향(organizational influence)으로 불리는 세 가지의 영역으로 세분된다. 영향력의 범위는 세 가지의 측면에서 평가되는데: 1. 양을 나타내는 광대성(extensiveness), 2. 추종자의 삶 속에 영향을 받는 것들의 범위를 나타내는 포괄성(comprehensiveness), 3. 포괄적인 영향 안에서 하나에 미치는 영향의 깊이를 나타내는 강도(intensiveness). 광대성이 가장 측정하기 쉽고, 그리고 리더의 영향의 범주를 말할 때에 지금 현재에 가장 자주 사용되거나 혹은 제시된다.

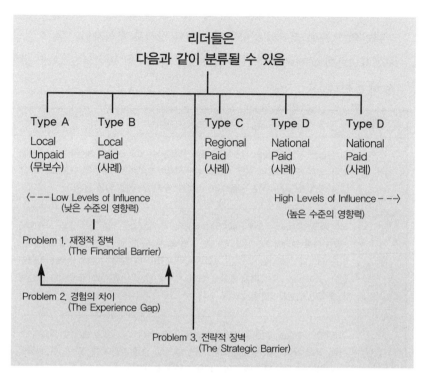

그림 : 리더의 다섯 가지 유형들 - 영향의 범위를 넓힘/ 세 가지 문제들

코멘트

다음 페이지에 이 다섯 가지 유형들을 설명하는 도표를 보라. 또한 다음 페이지에 이 세 가지 문제들의 설명을 보라. 훈련자는 이러한 이슈들에 대해 반드시 설명을 해야 한다.

② 리더의 다섯가지 유형

다음의 도표는 리더의 영향력의 범위와 평신도 사역자인가 혹은 전임 사역자인가의 관점에서 훈련을 받으려는 잠재적인 리더들에 대해 설명을 하고 있다.

유형들	설 명 (Description)
A	이 유형은 지역교회들이 그들의 사역을 성취할 수 있도록 돕는 자원하는 사역자들이다. 크리스천 기관의 낮은 수준의 사역자들이 이 영향의 수준에 해당되는데, 그들은 매일 매일 사무적인 일을 하거나 다른 세부적인 행정 일을 돕는다.
B	작은 회중의 목사들 혹은 여러가지 회중의 목사들 같은 작은 교회들의 사례받는 사역자들이 여기에 해당된다. 때때로 교회 밖에서 직업을 가지고 월급을 보충하는 이중 직업의 사역자들이다. 큰 교회의 부목사들이 이 같은 수준의 영향을 가지고 있다. 크리스천 기관들에서 행정을 하며 사례를 받는 사역자들이 조직적인 관점에서 동일한 수준의 영향을 가지고 있다.
C	이 영향의 수준은 넓은 지역적 영역(예를 들면, 라디오나 T.V.방송사역. 목회자 수련회, 목회자들의 출간을 증진하는 기관, 워크샵, 등을 통하여)에 있는 다른 교회들에게 영향을 주는 큰 교회들의 담임목사들을 포함한다. 또한 넓은 지역적 영역에 있는 사역자들에 대해 책임을 지고 있는 교단들이나 크리스천 기관들의 리더들이 여기에 해당된다.
D	이 수준은 사역을 증진시키기 위해 만들어진 기관들을 통하여 대개 국가적인 차원의 영향을 미치는 큰 교회들의 담임목사들을 포함한다. 한 나라의 교단적인 지도자들도 역시 여기에 속한다. 높은 수준의 리더들을 훈련하는 명성 있는 신학교의 교수들과 다른 사람들이 사용하는 교과서들을 저술하는 교수들이 여기에 속한다. 국가적으로 영향력 있는 크리스천 저술가들이 여기에 속할 수 있다.
E	다양한 나라들에 있는 교회들과 함께 하는 국제적인 기관들의 지도자들과 많은 나라들에 있는 선교사들이 여기에 속한다. 세계적으로 영향력 있는 저술가들도 여기에 속한다. 이 수준에 있는 리더들은 주로 전략적인 사고를 하는 사람들이다. 때로는 이 유형의 리더들은 광범위한 사람들과 재정들 그리고 설비(facilities)들을 다룬다. 이들은 다른 국제적인 리더들과 국가적 차원의 리더들과의 광범위한 인맥의 네트워크를 가지고 있다. 이들은 때로 매우 영향력 있는 기관들의 이사들이 될 수 있다.

코멘트

여기에서 명확하게 말하는 것은 이 유형들 중에 어느 유형도 본질적으로 더 가치가 있다고 할 수 없다. 즉, E유형의 리더가 A유형의 리더보다 더 나은 것은 아니다. 이 다양한 유형의 모든 리더가 교회나 선교단체에 필요하다. 소위 E유형보다 A유형과 B유형이 더 필요하다. 리더의 유형은 하나님이 주신 역량(capacity)과 그 역량을 사용하는 역할을 위한 계발에 의존된다. B유형의 은사를 받은 리더가 D유형의 리더가 되기를 갈망하는 것은 청지기로서 잘못하는 것이다. 역시 E유형의 은사를 받은 리더가 C유형에 머물러 있는 것은 잘못된 것이다. 이 유형들의 어느 것도 어떤 다른 것보다 낫다고 할 수 없다. 모든 유형이 다 필요하다. 우리는 하나님의 우리의 리더십계발과 우리의 은사의 청지기로서의 책임성있게 실천하도록 다섯 가지의 유형을 운영해야 할 필요가 있다. 더 큰 것이 항상 좋은 것이 아니다. 적합한 것이 최선인 것이다.

3) 리더십의 단계에 관계된 세 가지 문제

① 문제 1. 재정적 장벽

문제 1은 재정[3]을 다루는 것인데 또한 재정 장벽(Logistics Barrier) 혹은 평신도/성직자 딜레마(Lay/Clergy Dilemma)라고 부른다. 하나의 교회가 출현하고 있는 대부분의 상황에서는 풀타임으로 헌신할 수 있는 사역자들의 필요와 사역의 목표를 성취하기 위한 은사가 일어나게 될 것이다. 크리스천 기관 안에는 교회에 필요한 일을 하는 비 직업적인 (non-professional) 사역자 들도 있다. 또한 유사 직업적인(papa-professional) 사역자들도 있는데, 그들은 그들의 대부분의 에너지를 교회 사역에 쏟아 붓고 어느 정도 은사들도 계발이 되었지만, 재정적으로는 세속 직업을 통하여 충당하고 있다. 그리고 반 직업적인(semi-professional) 사역자들도 있는데, 그들은 크리스천 사역을 통하여 부분적으로 사례를 받는다. 한 사람의 사역자가 비 직업적인 데서, 혹은 유사 직업적인데서, 혹은 반 직업적인 데서 풀타임 사역자로 옮겨 갈 때에, 즉 A유형에서 B유형으로 옮겨 갈 때에 그/그녀는 재정적인 장벽을 직면하게 될 것이다. 그러한 사역자들은 어떻게 재정적으로 충당할 수 있을까?[4] 리더가 되고자하는 많은 사람들이 이 장벽에 걸려 넘어져서 결코 풀타임 사역자가 되지 못한다(아마 실망 때문에 대체적으로 사역으로부터 낙오된다). 바울은 그가 크리스천 사역자들인 자기 자신과 디모데와 스데바나를 위한 재정에 관해 고린도 교회 성도들을 권면할 때에 고린도 전서 16장에서 이 문제를 다루고 있다.

---

3) 리더의 선택과 계발을 중요한 리더십 교훈으로 붙들고 있는 리더들은 리더들을 계발하는 방법을 찾을 때에 계속적으로 이 재정 문제를 직면하게 될 것이다. 이 교훈은, "효과적인 리더들은 리더십 선택과 계발을 우선적 기능으로 간주한다. 어떤 무거운 책임감을 수반하고 있다.

재정 장벽을 가로 지르고자 할 때에 문제 1의 부가적인 문제들

구체화 성향 (Projection Tendency)

효과적인 A유형의 리더들이 풀타임 사역자가 되고자 할 때에 하나의 성향이 나타나는데 이것을 필자는 구체화 성향 이라고 부른다. 이 개념은 부지불식간에 풀타임 크리스천 리더는 평신도 리더보다 더 하나님께 헌신해야 한다는 것을 의미한다.

기대성 문제 (Expectation Problem)

A유형의 리더가 B유형의 리더로 옮겨 갈 때에 또 하나의 문제가 발생하는데, 이것을 필자는 기대성 문제 라고 부른다. 리더가 재정 장벽 (Logistics Barrier)을 통과할 때에 리더의 중요한 신분이 변하게 된다. 평신도들은 풀타임 크리스천 사역자들은 평신도 리더들과 다르다고 인식하고 있다. A유형에서 B유형의 리더십으로 옮기는 것의 의미는 사람들은 리더들의 역할이 변화지 않을 지라도 리더들을 다르게(아마 리더들에 대한 보다 높은 기대를 가지고) 바라본다.

② 문제 2. 경험의 차이

문제 2는 기본적으로 하나의 현대의 문제를 다루는데, 필자는 사역전 훈련 문제 (The Pre-Service Training Problem)라고 부른다. 교회들이 펴져 나가는 지역에서는 신학교와 성경학교들 같은 훈련 기관들이 또한 출현한다. 정상적으로 하나의 교회가 출현하게 되면 현장 사역에서 리더들이 훈련되어 더 많은 책임을 갖게 되고, 그들이 점차로 그 사역에 준

---

4) 이 문제는 19세기와 20세기에 걸쳐서 재정적인 자원들, 즉 적어도 한 교회당 한사람의 풀타임 사례를 받는 목사가 있는 나라들안에서 일어났던 모델로서 전 세계적으로 직면하게 되었던 중요한 문제 중에 하나였다. 다음 세기 초기에는 이중 직업의 사역자들이 대부분을 주도하게 될 것이다.

비된다. 그러나 많은 수의 교회들과 더 많은 개 교회들이 생기게 되면, 사역에 훈련되지 않은 사람들과 리더십 경험이 거의 없거나 전혀 없는 사람들이 이러한 훈련기관들로 가서 사역을 위해 짧은 기간 동안 학문적인 훈련을 받게 된다. 그 후에 그들은 B유형이나 혹은 그들이 할 수 있다면 더 높은 단계의 사역을 할려고 시도한다. 그러나 그들은 그러한 사역을 위한 경험이 없다. 그래서 우리는 사람들을 그들이 경험하지 않은 레벨의 사역을 인도하도록 해야 한다. 동일하지는 않지만 비슷한 문제가 디모데 전서에서 다루고 있는데, 사도 바울이 젊은 사역자인 디모데를 나이 많은 에베소교회의 장로들에게 받아들이도록 부탁하는 하는 것을 볼 수 있다. 그 문제는 정확히 같지 않다. 디모데는 경험은 가지고 있었지만 그러나 그들의 문화가 젊은 리더를 존경하지 않았다. 경험의 차이는 어떤 문화에 있어서는 이중의 문제를 가지고 있는데, 왜냐하면 그들은 나이와 경험을 둘 다 존중하기 때문이다. 훈련 기관들은 어떤 필요 조건도 갖추지 못한 잠재적 리더들을 양성하고 있다.

신학교에 있는 사역전 학생들 - 이 문제에 대한 한마디

이 문제는 대학을 졸업하고 경험이 없는 학생이 실제 사역에 거의 경험이 없거나 전혀 경험이 없이 곧 바로 신학교에 입학한 것을 자주 볼 수 있다. 그러한 사역전 학생들은 학습 자료들을 장래에 사용할 수 있을 것이란 기대를 가지고 받아들인다. 그러나 그러한 학생들의 학습 동기가 스스로 잘 이루어지지 않고 있다.

많은 사람들이 탈락함 (Large Drop Out)

단계 1과 2의 경험이 부족하기 때문에, 사역전 학생들이 풀타임 사역을 하게 되면 많은 퍼센트의 사람들이 탈락을 하게 된다. 그들이 발견한 풀타임 사역이란 것은 그들이 그럴 것이라고 생각한 것과는 다른 것이었다. 그래서 그들은 탈락하게 된다.

탈락의 문제를 방지하기 위한 세 가지의 대책들

대책 1 : 이러한 탈락의 방지를 돕기 위한 첫 번째 대책은 강한 리더십 헌신의 경험(strong leadership committal experience), 즉 리더가 사역을 위한 하나님의 확실한 부르심에 대한 깨달음 속에서 소명감(sense of destiny)을 형성하는 활동이 있어야 한다. 강한 소명감은 거칠고 어려운 시간들을 리더로 하여금 헤쳐 나가도록 할 수 있다.

대책 2 : 주권적인 하나님을 신뢰하는 사람이 가지고 있는 '하나님의 주권 의식 (sovereign mindset)인데, 어떠한 어려운 활동들이 새롭게 닥쳐와도 하나님을 신뢰하는 것이다.

대책 3 : 교회의 리더십이 강한 계발적(developmental) 가치를 가지고, 곧 사역자가 될 새로운 리더들을 위해 멘토 코치들을 준비하고 있는 교회의 일원이 된 것이다. 그러한 멘토링은 새로운 리더로서 완성시키고 사역을 할 수 있는 리더가 되도록 계발하고 돕는다.

③ 문제 3. 전략적인 장벽 가로지르기

문제 3은 '사역 초점 문제'(Ministry Focus Problem)라고 불리우는데, C유형의 사역에서 D유형 또는 E유형으로 옮겨 가는 리더들과 관련된 은사나 책무를 다루는 문제이다. 즉, 그들은 직접 사역(direct ministry)은 적게 하고 간접 사역(indirect ministry)을 많이 하는 리더들이다. 큰 영향력의 범위를 가진 기관들의 지도자들이 이 문제를 직면하고 있다. 직접 사역이란 사람들에게 직접 영향을 미치기 위해 주로 말씀의 은사를 사용하는 것을 의미한다. 간접 사역자란 간접 사역에서 다른 리더들을 돕거나 지도하는 리더들을 의미하는데 그들은 일차적으로 직접 사역을 하지 않는다. 항상 이 단계에 도달한 리더들은 그렇게 하는데 왜냐하면 그들은 이미 낮은 단계의 영향력의 범주에서 직접 사역에 성공했기 때문이다. 단순히, 그들이 낮은 단계에서 직접 사역에 효과적이었기 때문에 말씀의 은사에 의존하는 사역이 말씀의 은사를 주로 사용하지 않는 높은 단계에서 그들이 성공할 것이라고 보증하지 않는다. 간단히 말해, 그들은 높은 단계의 사역에 기능들에 훈련되지 않았다. 그리고 놀라게 하는 것은 이러한 높은 단계의 리더십 기능을 하도록 리더를 계발하는 공식적인 훈련이 거의 없거나 전혀 없다는 것이다.

심리적 문제 (Psychological Problem)

두 번째 문제가 일어난다. 이것은 심리적인 문제다. 이것은 사역에 만족함과 관계가 있다. 어떤 사람이 주로 말씀의 은사를 사용하는 직접 사역을 할 때에, 삶속에 확증이나 만족을 주는 일들이 일어난 것들의 계속적인 피드백이 있다. 높은 단계의 사역에서 대부분의 리더들은 문제 해결, 위기 해결, 구조적 계획, 전략화, 등과 같은 리더십 기능들을 하는 것이다. 이러한 기능들은 직접 사역과 같은 방식으로 하나도 보상되지 않는다. 그들은 그들이 직접 사역을 효과적으로 할 때처럼 이러한 기능들을 하고 작은 확증을 얻는데 똑같은 만족을 얻지 못한다.

이러한 문제들을 설명하는 것을 돕기 위해 가능한 것들

두 가지의 것들이 이러한 두 가지의 문제를 극복하는 것을 도울 수 있다. 첫 번째는, 리더들을 주로 그 기능들을 잘 하는 리더들로부터 멘토링을 통하여 더 높은 단계의 기능들을 위해 훈련을 받아야 한다. 그런 다음 그 기능들을 이행한다. 두 번째로, 전략적인 장벽을 가로지르는 리더들에 의해 인식된 심리적인 허탈감(psychological loss)은 적어도 필자가 높은 단계의 리더들을 관찰한 다음과 같은 두 가지의 방법으로 설명될 수 있다. 첫째, 그들은 때때로 이전에 만족을 주었던 직접 사역의 본업 이외의 다른 사역으로 진출할 수 있다. 둘째, 그들은 성취된 것들이 높은 단계의 리더십의 훈련을 수용하는 것을 희생하게 했던 이전의 직접 사역보다 더 넓은 잠재력과 더 멀리 미치는 결과를 보는 것을 배우게 할 수 있다. 이것은 전략적인 사고의 안목과 보다 더 높은 리더십 단계에서 섬기는 리더십을 요구한다. 사도 바울의 후반의 사역에서 이 전략적 장벽의 문제를 다루고 있다. 그의 후반의 사역 대부분은 간접적 사역이었다. 바울의 서신들도 광범위한 간접 사역인 것에 주목하라. 그가 위기를 다루거나 문제해결 등의 이슈들을 다룸으로 다른 리더들을 돕고 있는 것이다. 그는 직접 가서 가르치거나 설교하지 않는다. 고린도 후서 11장28절, "이외의 일은 고사하고 오히려 날마다 내 속에서 눌리는 일이 있으니 곧 모든 교회를 위하여 염려하는 것이라"을 보고 그가 전략적인 안목을 가지고 있는 것에 주목하라.

결 론

리더의 유형들, 즉 리더십의 단계들은 더 큰 것이 더 좋다는 것을 의미하려고 하는 것이 아니고 더 높은 리더십의 단계로 리더들을 계발하고자 할 때에 이러한 문제들을 직면하게 됨을 알려주어 구별하고자 하는 것이다. 더욱이, 리더십 이슈는 서로 다른 리더 유형에 따라 현저하게 다를 것이다. D유형과 E유형은 리더십 수단들과 자원들, 조직적 구조의 요소들, 문화, 역동성(Dynamics)과 권위(Power)들과 더 많은 관련이 있다. 그들은 다양한 스타일의 리더들이다. 그들은 리더십 철학과 전략적인 사고와 더 많은 연관이 있다. 그들은 이러한 영역에서 하나님 앞에 무거운 책임이 있다는 것을 알고 있다. 리더십 유형에 따라 리더십 기능이 매우 다양하기 때문에 각 유형에 따라 다른 훈련들이 필요하다. 직접 사역을 위한 기술에 초점이 맞추어진 비공식 또는 무형식 훈련이 A유형과 B유형을 위해 필요하다 그리고 항상 사역 중에 있어야 한다. 훈련을 위한 모든 형식(비공식, 무형식 그리고 공식)은 C유형, D유형과 E유형의 기술과 전망(Perspective)을 준비하는데 필요하다. 사역중(In-Service) 훈련과 사역 중 중단(Interrupted)훈련은 C유형, D유형 그리고 E유형에 주로 필요하다. 가르치는 자들은 각 단계에 따라 본래부터 가지고 있는 문제들과 그들이 훈련하고 있는 리더들의 단계들을 고려해야할 필요가 있다.

4) 영향력의 범주: 직접, 간접, 조직적

리더들을 훈련할 때 훈련받는 리더들의 단계을 인식하는 것은 도움이 된다. 영향력의 범주는 사용될 수 있는 하나의 기준이 된다. 다섯 단계의 리더의 유형론(Typology)은 리더들이 낮은 단계에서부터 높은 단계의 리더로서 출현하는데 그들이 직면하는 세 가지의 중요한 문제들을 지적하는데 도움을 준다. 이 문제들은 교회가 출현하는 전세계에 걸쳐 반복적으로 직면하게 될 것이다.

정 의

영향력의 범주는 영향을 받는 사람들의 전체(Totality)를 의미하고, 리더는 그들을 위하여 하나님 앞에서 회계할 것이다. 이 영향을 받는 사람들의 전체는 직접 영향(direct influence), 간접 영향(indirect influence)와 조직적 영향(organizational influence)으로 불리우는 세 가지의 영역으로 세분된다.

코멘트

영향력의 범주의 각기 영역들, 즉 직접, 간접 혹은 조직적 영역들은 세가지의 변수들로 측정된다.

측 정 1

광대성(Extensiveness)- 양(Quantity)을 의미하는데, 개인과 성공에 가치를 두는 미국같은 나라에서는 광대성에 항상 초점이 맞추어진다. 목사들이 모이는 모임에서 그들은 항상 "당신의 교회는 얼마나 크냐?"고 질문한다. 이런 종류의 중압감은 어쩌면 리더로 하여금 '영향력의 범주' 의 진정한 이해를 하지 못하도록 몰아간다.

측 정 2

포괄성(Comprehensiveness)- 추종자들의 삶속에 영향을 받는 것들의 영역을 의미하는데 사역의 범위가 얼마나 넓은가를 말한다. 진리의 적용성이 추종자들이 필요로 하는 것들의 범주를 채워줄 수 있는가? 격려의 은사를 가지고 있는 리더들은 항상 진리의 적용성을 추구한다. 그들은 자연적으로 포괄성에 관심을 가지고 있다.

측 정 3: 강도(Intensiveness)- 포괄적인 영향 안에서 영향력이 확장되어 가는 각 항목의 깊이를 말한다. 적용성이 얼마나 잘 되었는가? 강도 (Intensiveness)는 "일 마일 넓이에 일 인치 깊이!"라는 옛날 격언에 반하는 진리의 적용성을 추구한다.

코멘트

광대성(Extensiveness)은 리더의 영향력의 범주를 말할 때에 측정하기 가장 쉽다. 그래서 가장 많이 사용되거나 수반된다.

코멘트

훈련이 개인화(즉 요소1에 초점이 맞추어져 있는 경우)되면 될수록, 영향력의 범주는 훈련을 생각하도록 지배해야 한다.

1) 개론

이 과는 요소 2의 훈련 과정을 보는데 도움을 주는 일곱 가지의 중요한 전망들을 지적한다. 요소 2의 분석은 다음과 같은 질문들에 대해 답변을 찾고자 한다.

전형적

- 공식/무형식/비공식 훈련의 활동들은 무엇입니까?
- 누가 훈련자들 입니까? 그들의 은사/다른 역량들은?
- 어떤 훈련 자료들이 유용합니까? 필요한 것은?
- 각 등록한 훈련생들의 혼합된 은사(gift-mix)는 무엇입니까?
- 어떤 훈련 자원들이 유용합니까?(연구 데이터/도서/재정/시설들)
- 존중되어야 할 어떤 종류의 제한들이 있습니까?
- 행정 지원 베이스는 무엇과 같습니까?
- 경험적인 학습/감성적인 학습을 위해 어떤 구조가 유용합니까?
- 훈련과 관계된 학습의 환경/철학은 무엇입니까?
- 훈련 그룹의 유산(모든 업적:Track Record)은 무엇입니까?

릴리(Lillie)의 예

테리 릴리(Terrie Lillie: 타이완 선교사)는 단기 노동자들이 특정한 기능을 행하는 것을 가능케 하는 훈련 프로그램을 분석하였다(Lillie 1982). 여기에 그가 이 훈련 프로그램의 요소 2의 분석에 대한 질문들을 어떻게 받아 들였는지가 있다.

- 무엇이 가르쳐 지고 있는가?

- 어떻게 가르쳐 지고 있는가?

- 누가 훈련자들 인가?

- 왜 가르쳐 지고 있는가?

- 프로그램의 목표를 달성하는데 얼마나 효과적인가?

목표 1

이 과에서 소개된 중요한 전망들 중에 어떤 것도 당신은 친밀해야 한다.

- 커리큘럼/커리큘럼 훈련 요소들

- 윈터(Winter)의 적출/확장의 연속(Extraction/Extension Continuum)

- 교육/성인 교육의 연속(Pedagogy/Andragogy Continuum)

- 개인화/비 개인화의 연속(Individualized/Non-Individualized Continuum)

- 통달 학습 모델(Mastery Learning Model)

- 수평적/수직적 지향(Horizontal/Vertical Orientation)

- 구조화된 시간(Structured Time)

- 독특한 전략 모델(Unique Strategy Model)

- 최소의 전략 모델(Minimum Strategy Model)

그리고 당신은 주어진 훈련 프로그램의 이러한 전망들안에서의 설명들을 인식할 수 있어야 한다.

목표 2

　이 과에서의 중요한 정의들/가정들/개념들을 당신은 리더십훈련모델론 독서목록(LTM Reader)에 주어진 사후의 연구들(Post-Mortem Studies) 혹은 훈련 프로그램 디자인 연구(Training Design Studies)안에 있는 이러한 개념들의 실제 설명들을 이해할 수 있어야 한다.

2) 일곱가지 전망

① 커리큘럼과 피드백

일반적으로 '커리큘럼' 이란 단어는 훈련프로그램 안에서 유용한 과정들의 목록을 의미하는 제한적인 의미로 사용된다. 공통적으로 커리큘럼의 개념은 학위를 위한 일련의 과정들을 조직화한 성경학교나 신학교 같은 공식 훈련 모델들이라고 생각한다. 그러나 우리는 커리큘럼의 의미를 보다 넓게 사용할 것이다. 우리는 커리큘럼을 프로그램 안에서 공식적으로 디자인되었거나 혹은 비공식적으로 부분적이다 할지라도 어떤 입력과 활동을 가리키는데 사용할 것이다. 그래서 홀랜드의 두 트랙 비유 모델의 네 가지 중요한 요소들 중에 어떤 하나에라도 기여할 수 있도록 사용될 것이다. 이러한 보다 넓은 개념은 또한 일반적으로 어떤 기능적 기술을 배우려는 활동을 주문하는 무형식 훈련에도 적용된다. 이 개념은 비록 비공식 훈련에서도 중요할지라도 적용하는 데에는 더욱 어렵다.

정 의

커리큘럼은 홀랜드의 네 가지 요소: 입력, 사역 경험, 역동적 반향 그리고 영적 형성의 관점에서 부분적으로 훈련 프로그램의 목적, 목표 와 세부적 목표들을 성취하는데 명시적으로나 암시적으로 기여하는 훈련 프로그램의 모든 항목들을 의미한다.

실 례 훈련 프로그램 안에서 가르쳐지는 과정들

실 례 소그룹 활동들

실 례 예배, 기도 그룹들, 간증 시간, 상담

실 례 공식 수업외 시간의 학생들 간의 비공식 토론들

실 례 방문 강사들

실 례 선생들과 학생들의 모델링

실 례 훈련 프로그램 안에서의 하나님의 특별한 간섭하심(Special Interventions of God)

실 례 훈련 시간동안의 위기들

실 례 리더십 선택이론의 어휘들: 공정 요소들

코멘트

커리큘럼의 넓은 정의는 실제적으로 훈련자들에게 영향을 주는 어떤 훈련 프로그램안에서 많은 것이 있다는 것을 볼 수 있도록 우리를 이끌어 가야 한다. 만약 우리가 이것들(특별히 암시적 요소들)을 인식하기 시작한다면 우리는 그것들을 사용하는 데 있어서 틀림없이 보다 더 신중하게 될 수 있다.

코멘트

커리큘럼의 개념의 확장은 또한 훈련에 있어서 무형식과 비공식의 구조에 특별한 디자인에 주의를 기울이게 되어 홀랜드 모델의 모든 요소에 역점을 두어 다룰 수 있다.

커리큘럼 훈련 요소 도표 (Table of Curriculum Training Factor)

요 소 (Item)	설 명 (Explanation)
공식적 기능들	프로그램되고 시간표에 따른 과정, 강의, 어떤 사람이 하나의 통합된 프로그램을 마쳐야 할 때의 활동들이나 중요한 필요들
무형식적 기능들	세미나, 워크샵, 강의, 소그룹 경험과 기술 습득을 위한 입력 활동들
비공식 기능들	학습에 기여하는 활동들
훈련자들	학습 촉진에 책임을 가진 사람들
자료들	교과서 같은 기록된 입력, 워크북, 매뉴얼, 등
과정	공식 훈련으로서 대개 학습의 중요한 영역에 대해서 통합되고 제한된 시간 안에 경험된 교훈들이 조직화된 배열
도서 자료들	리서치와 보조적인 학습을 위한 유용한 기록된 자료들
리서치 자료들	훈련의 학습 목표를 위한 조직적인 체계의 데이터
재정	훈련 프로그램을 지원하는 돈, 그에 상당하는 것
시설들	훈련을 위한 물질적인 설비
제한들	설계자가 가지고 있는 최소한의 통제 수단(즉, 문화, 시간, 정부의 교육 적인 배경, 언어학, 등)과 의미심장하게 훈련 프로그램을 바꾸는 광범위 한 상황적인 요소들
행정 지원 기반	'도움' 기능을 수행하기에 유용하고 훈련자가 직접 훈련 기능에 집중하 기에 자유로운 스태프(직원)와 장비
훈련 환경	교사/학생의 열정, 학습의 적절성, 교사들의 능력, 자료들의 적합성, 공 동체, 성장 기대, 등의 훈련 상황의 인지된 특성
훈련	훈련 프로그램을 제어하는 개념들(즉, 계발식, 학교식, 최소한 훈련, 독특 한 전략, 등)

코멘트

요소들의 중요성에 대해서는 다양하다. 어떤 요소는 있으면 좋을 수도 있고, 그렇지 않을 수도 있다. 이 표는 불완전한 것이지만, 커리큘럼에 영향을 줄 수 있는 요소들을 제안하는 것이다.

1. 가장 넓은 의미로서 커리큘럼은 훈련 참가자들에게 영향을 주는 훈련 프로그램과 관계된 모든 것이다. 왜 이러한 커리큘럼 개념이 개정된 시스템 모델(The Adapted Systems Model)의 요소 2를 평가하는데 중요한 개념인지에 관해 몇 가지 이유를 제시하시오.

----

2. 당신이 알고 있는 어떤 훈련 프로그램의 관점에서 각각의 예를 제시함으로서 다음의 커리큘럼-훈련 요소들안에 의도된 기본 개념에 대한 당신의 이해를 보여주시오.

훈련 요소 (Training Factors)	당신의 경험으로부터의 예 (Example From Your Experience)

공식 훈련 기능들 _____

무형식 훈련 기능들 _____

비공식 훈련 기능들 _____

훈련자들 _____

훈련 자료들 _____

과정 설계 _____

도서 자료들 _____

유용한 리서치 데이타 _____

재정 _____

시설들 _____

제한들 _____

행정 지원 기반 _____

훈련 환경 _____

훈련 철학 _____

해 답(Answers)

당신의 선택. 확인을 위해 소그룹에서 다른 사람들과 토론하시오.

② 윈터(Winter)의 적출 / 확장의 연속과 피드백

『신학 연장 교육』이란 책에서 랄프 윈터(Ralph Winter)는 적출/확장의 연속이라고 부르는 유익한 개념을 소개하였다(Winter 1967:154). 그 연속은 본래 위치에 적용되었고, 학생들을 그들의 정상적인 사역을 하면서 그들의 자연적인 위치를 유지하는 것의 중요성을 보여주었다. 그러나 그 개념 자체는 단지 훈련의 위치보다도 더 넓게 적용될 수 있다. 그리고 훈련의 요소가 그 연속의 확장 쪽으로 향하는지 혹은 적출 쪽으로 향하는지 아는 것이 중요하다.

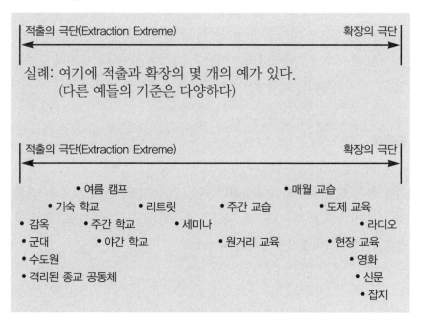

적출의 극단(Extraction Extreme)　　　　　　　　　확장의 극단

실례: 여기에 적출과 확장의 몇 개의 예가 있다.
　　　(다른 예들의 기준은 다양하다)

적출의 극단(Extraction Extreme)　　　　　　　　　확장의 극단

- 여름 캠프
- 기숙 학교　　• 리트릿　　• 주간 교습
- 감옥　　• 주간 학교　　• 세미나
- 군대　　• 야간 학교
- 수도원
- 격리된 종교 공동체

- 매월 교습
- 도제 교육
- 라디오
- 원거리 교육
- 현장 교육
- 영화
- 신문
- 잡지

이 개념의 보다 넓은 적용

이 개념은 다음과 관점에서 교육에 적용될 수 있다.

- 문화적 거리
- 언어

- 즉각적으로 사용할 수 있는
  자료들/기술들
- 실제적인/이론적인
- 문화적인 학습 스타일
- 연구 자료/서적/교과서/등
- 교수 방법론

다 문화 훈련에 유용성

이 개념은 특별히 교차 문화 훈련 상황에서 유용하다 왜냐하면 훈련 참가자는 일반적으로 여러 문화 배경에서 왔기 때문입니다. 어느 정도 적출은 거의 항상 그런 상황속애서 일어난다. 그것이 일어나고 훈련이 무엇을 성취해야 하는가라는 관점에서 평가되는 것이 중요한 점이다.

중립성

적출은 필요악이 아니고 확장은 선이다 혹은 그 반대이다. 다른 기준이 적출 혹은 확장이 선하거나 악하다 라는 것을 결정하는데 사용되어져야 한다. 그러나 적출 혹은 확장의 사실을 주목해야 할 필요가 있고, 목표 달성을 위한 이점의 관점에서 평가 되어야 한다.

1. 당신은 적출/확장 연속 분석을 사용해서 선교대학원을 어떻게 묘사할 수 있습니까?

_____

_____

_____

_____

_____

2. 당신의 개인적인 과거의 훈련 경험에서 연속선의 가장 오른쪽, 가장 왼쪽 그리고 중간에 해당하는 것을 여기에 기술하시오.

적출의 극단(Extraction Extreme)	확장의 극단

_____

_____

_____

_____

_____

③ 교육 / 성인 교육 연속 / 교육계발과 피드백

　교차 문화 환경에서 대부분 훈련의 대상은 성인 학습자다. 말콤 노울레스(Malcolm Knowles)의 이론을 적용한다(Knowles, The Modern Practice of Adult Education, 1980). 그의 대부분의 개념들은 학습 이론에 관해 교육적인 것과 성인 교육적인 것의 차이들에 관계된 것이다. 훈련 활동은 성인 교육적 혹은 교육적 학습 전제의 관점에서 분석되어야 한다. 다음의 연속선은 바로 그러한 목적들을 위해 사용될 수 있다. 다음은 교육과 성인 교육의 정의들이다; 교육과 성인 교육의 연속선 그리고 각기 적용을 할 때 평가를 위한 기본적인 지침(Basic Guideline)이다.

정 의

　말콤 노울레스가 사용하는 어휘인 성인 교육(Andragogy)는 어떤 훈련 상황에서 자신이 스스로 솔선하여 학습하는 것이 적합할 때에 주도해야 하는 훈련 철학의 원리들과 철학 을 말한다.

정 의

　말콤 노울레스가 사용하는 어휘인 교육(Pedagogy)은 어떤 훈련 상황에서 교사가 주도하여 학습하는 것이 적합할 때에 주도해야 하는 훈련 철학의 원리들과 철학을 말한다.

기본적 지침

　교육적 가정이 실현 될 때마다 학습자의 나이에 상관없이 교육적 정책들이 실행된다; 성인 교육적 가정이 합당한 경우에도 학습자의 나이에 상관없이 성인 교육적 정책들이 실행된다.

교육(Pedagogy)

교사 주도적 학습

학습자는 외부 전문가에
매우 의존해야 한다.

성인교육(Andragogy)

자신 스스로 주도적 학습

학습자는 자신의 솔선에
의존할 필요가 있다.

실례들

A= 단순 운동 게임을 배우는 6세 된 아이

B= 전자계산기를 배우는 같은 6세 된 아이

C= 가구 수리를 배우는 40세된 어른

D= 컴퓨터의 워드 프로세스를 배우는 40세 된 어른

코멘트

여러 가지 복잡한 것들을 학습하는 데는 성인 교육적인 것과 교육적인 것 모두가 다 필요하다. 어떤 것들은 교사 주도적인 학습을 요구하고 반면에 다른 것들은 자신 스스로 주도적인 것이 요구된다.

코멘트

어떤 경우든지, 성인 교육과 교육 모두 가르침/학습의 능력 있는 기술로서 학습자에 의해 자기 스스로 발견하게 하는 개념을 주장한다.

성인 교육/교육과 계발 모델(Andragogy / Padagogy and The Development Model)

이 페이지에 있는 정보는 당신이 성인 교육과 교육에 내재된 가정들을 이해하는 데 도움이 될 것이고, 계발 모델과 어떤 관련이 있는지를 알게 해 줄 것이다.

증상들(Symptoms): 성인 교육 훈련을 위한 필요를 표시함

다음의 가정들은 노울레스의 저서(Knowles, 1980)의 필자의 해석이며, 필자가 필자의 훈련 분석에 적용한 것이다.

1. 학습자는 어떤 단편의 지식을 배우려는 소원을 향한 추진력을 입증한다. 그리고 그 렇게 하려는 주도권을 가지고 있다.
2. 학습자는 어떤 단편 지식의 확장된 학습을 위한 근원이 되는 경험의 축적을 입증한다.
3. 학습자는 그들의 현재 역할을 향상시키는 어떤 것을 배우려는 동기를 입증한다.
4. 학습자는 배운 것의 적용의 긴박성의 필요를 입증한다. 그들의 관심은 배우는 태도에 있어서 학과 중심이라기 보다 실천 중심이다.

증상들(Symptoms): 교육 훈련을 위한 필요를 표시함

1. 학습자는 중요한 문제 혹은 기능적 기술에 관한 전문성은 자신의 힘으로 연구해서 할 수 있는 그/그녀 자신의 능력 밖이라는 사실을 인식한다.

2. 학습자는 학습 과제를 할 마음이 나게 하는 경험은 학습 전략에 있어서 최소한의 도움이 될 것이라는 것을 인식한다. 다른 이들의 대리적인 경험이 필요할 것이다.

3. 학습자가 어떤 다른 전문가들이 느끼는 것을 자원하여 배우는 것은 그들에게 중요하게 될 것이다. 그들은 그들의 현재 또는 예상되는 미래의 역할에 대한 관련성을 확신하게 될 것이다.

4. 학습자는 현재의 역할이 그 정보나 기술을 사용하지 않는다하더라도, 미래의 사용을 위한 학습 자료의 필요를 볼 수 있다.

계 발 (Development)

이 교재에서 주장하는 계발 모델은 교육(Pedagogy)에 반대되는 것으로서의 성인 교육(Andragogy)과 동일시하는 것이 아니다. 계발 모델은 사실은 개인의 계발을 돕는 훈련과 관계 되어 있다. 이 의미는 성인 교육과 교육 모두가 한 사람의 잠재력을 계발하는데 사용될 필요가 있다는 것이다. 그것은 위의 전제들이 한 기술은 좋고 다른 기술은 나쁘다 것을 의미한다고 해석되어서는 안된다는 것이다. 둘 다 주어진 교수/학습 상황들에 적합하고 적절히 사용되어져야 한다.

코멘트

교육적 기술을 활용하는 모든 사람들이 읽어야 할 고전은 그레고리 (John Milton Gregory)의 『가르침의 일곱가지 법칙들』(The Seven Laws of Teaching)이다.

코멘트

노울레스의 성인 교육에 대한 고전적인 책, 『성인 교육의 현대적 실천』 (The Modern Practice of Adult Education)은 많은 훈련이 성인 학습자들과 관련되어 있는 교차 문화 훈련(cross-cultural training)에 관련하고 있는 훈련자들에게는 필독서이다.

중요성

공식훈련에는 교육적 교수 스타일이 과잉되어 있다. 학습에 있어서 성인 교육적 전망은 훈련 프로그램을 평가하는데 큰 도움이 될 수 있고, 이러한 경향을 균형을 취하게 할 것이다. 훈련 프로그램의 다양한 면에 성인 교육 원리들의 적용은 훈련의 적합성과 효율성을 크게 증대시키는데 많은 것을 하게 될 것이다.

1. 아래의 연속선에서 당신이 지금 배우고 있는 과목들을 다양한 학습 활동의 관점에서 자리매김 하시오. 당신은 주어진 수업에 관련된 모든 것들을 통하여 생각해야 할 것이다. 그러나 다양한 수업가운데 차이가 있음에 틀림없다/그것들이 더욱더 성인 교육적인 기초에 의존하던지 혹은 교육적 기초에 의존하던지 간에.

교육(Pedagogy)	성인교육(Andragogy)
교사 주도적 학습 (의존성)	자기 주도적 교육 (자기 주도)

주의: 당신이 배우는 과목의 번호를 틀림없이 확인하시오.

2. 당신이 연속선의 오른쪽 방향으로 제일 멀리 위치한 과목과 연속선의 왼쪽 방향으로 제일 멀리 위치한 과목을 선택하시오. 당신이 이 과목들을 왜 그곳에 위치하였는지 그 이유를 설명하시오.

----

3. 왼쪽에 있는 과목을 위해서; 좀 더 성인 교육적인 방향으로 만들려면 무엇이 되어져야 될 수 있는지를 제안하시오. 만약 당신의 제안들이 그 과목이 첨가된다면, 당신은 지금 그 과목을 연속선의 어디에다 위치를 할 것인가? 위의 연속선에 수정된 과목의 위치를 정하시오. 수정된 과목 번호에다 괄호를 치시오.

4. 당신이 본래부터 성인 교육적 이라고 느끼는 수업에서 당신이 현재 행한 어떤 실례의 활동들을 여기에 열거하시오.

----

5. 당신이 본래부터 교육적이라고 느끼는, 즉 교사 주도적인 당신의 어떤 과목들과 관련하여 당신이 현재 행한 어떤 실례의 활동들을 여기에 열거하시오.

해 답(Answers)

수업 중에 소그룹에서 당신이 나눌 대답들을 준비하십시오.

④ 개인화 / 비개인화 연속선과 피드백

비록 대부분의 공식 훈련 프로그램들이 사람들의 그룹의 관점에서 훈련하기 위해서 준비되지만, 각자 훈련받는 개인은 맞춤 은사(Tailor-Made Gifts)를 소유하고 훈련받는 어떤 다른 사람과도 다른 경험을 가진 독특한 개인이라는 것을 기억하는 것은 중요하다. 비록 그룹안의 사람들의 훈련을 위한 필요에 의해서 훈련에 부과된 제한들이 있을 것이지만, 우리는 각자 개인은 독특하고 특별히 한 개인으로서 그 혹은 그녀에 적합한 훈련이 필요할 것이라는 사실을 알아야 한다. 이것이 개인화/비 개인화 연속선의 목적인데, 우리들을 평가자와 훈련자로서 훈련 프로그램이 실제로 어떻게 개인들에게 영향을 미치는지를 강제로 알게 하는 것이다. 훈련 참가자들을 개인들로 인정하면서, 우리는 어디서나 할 수 있고/ 우리는 훈련 프로그램 디자인의 철학을 사용해야 한다 (가변성의 트랙들과 선택적인 프로젝트들, 성장 계약, 등).

정 의

개인화/ 비 개인화 연속선은 훈련 요소들이 개인화 혹은 그룹 지향인지를 반영하는 훈련 요소들이 진열된 하나의 수평선이다.

전형적인 개인화/ 비개인화 연속선

모든 훈련이 개인화 됨	어떤 훈련도 개인화 안 됨
열린 커리큘럼	닫힌 커리큘럼
성장 계약	닫힌 수업 디자인
성인 교육(Andragogy)	교육(Pedagogy)

성경적 비유

로마서 8장28절과 에베소서 2장10절은 개인화된 선을 따라서 훈련을 위한 선례를 보여준다. 비록 하나님은 다양한 그룹들을 통하여 역사하지만, 각 사람을 그리스도의 형상으로 변화시키는 과정에서 하나님은 개인으로서 각자를 독특하게 다루신다. 한 개인의 삶 속에서 각자 개인을 위한 독특한 변화 과정의 일부분이 아닌 하나님의 행동이나 과정은 결코 일어나지 않는다.

제한들

시간, 돈, 공간의 효율적 사용, 이 모든 것이 우리들로 하여금 훈련에 있어서 그룹 과정들(group processes)을 활용하도록 강화시킨다. 그리고, 역시 오직 그룹 과정들을 통해서만 배울 수 있는 배워야 할 것들이 많이 있다. 그럼에도 불구하고, 다른 사람들과 다른 독특한 은사와 경험과 사역 잠재력을 가지고 있으면서 개인들로서 훈련을 받고 있는 사람들에게 항상 관심을 가지고 있어야 한다. 이 사실에 대한 올바른 이해는 우리의 훈련에 깊은 영향을 미치게 될 것이다.

1. 현재 선교 대학원에 관련된 훈련 활동을 고찰하시오. 그들의 개인화의 정도에 따라 아래 주어진 개인화/비 개인화 연속선에 이것들을 표시하시오. 당신이 관련되어 있는 활동들 또는 적어도 다섯 과목들을 표시하시오.

모든 훈련이	몇 가지 훈련이	어떤 훈련도
개인화 됨	개인화 됨	개인화 되지 않음

←─────────────────────────────────→

2. 연속선 사용에서의 하나의 적용은 개인화의 평가가 무형식과 비공식 구조와 훈련 활동의 명시적 사용을 더 강화 시킬 것이다. 왜 이것이 그런지를 설명하시오.

----

3. 아래에 있는 연속선에서, 훈련 활동들의 다음과 같은 종류들의 위치를 정하시오. 만약 당신이 아래 활동들의 어떤 것에 익숙하지 못한다면, 그러면, 그것을 뛰어 넘고 다음 것을 계속하시오. 당신이 할 수 있는 것만큼 하라.

a. 군인 신병 훈련소

b. 통신 과정으로 구약 개론 과정

c. 전형적인 TEE 프로그램

d. 전형적인 3년 성경 학교 훈련 프로그램

e. 네비게이토 제자 훈련

f. 전도 폭발 훈련 프로그램

g. 테리 릴리(Terrie Lillie)의 대만 조사팀 훈련

모든 훈련이	몇 가지 훈련이	어떤 훈련도
개인화 됨	개인화 됨	개인화 되지 않음

$\longleftarrow \longrightarrow$

해 답(Answers)

수업 중에 소그룹에서 당신이 나눌 대답들을 준비하십시오.

⑤ 수평 / 수직 방위와 피드백

다른 방법을 통해서 다양한 문화들은 가장 잘 배운다. 교회가 출현하고 있고 훈련이 단계 1과 2에서 탁월하게 일어나고 있는 많은 훈련 상황에서, 입력(Input)을 위한 수직적 접근법은 가장 효율적이다. 단계 3에서 수직적과 수평적 접근법은 입력(Input)과 함께 사용 될 수 있다. 이 개념은 공식적/ 무형식 그리고 비공식 훈련 방법론에 유용하다. 방위의 선택 사용은 제한들과 훈련 참가자들의 학습 스타일에 의존한다. 수평/수직 방위 개념은 입력 분석에 도움이 되는 개념이다.

정 의

입력을 위한 수평 방위는 일정한 기간 동안 다른 입력 조각들(segments)의 동시에 일어나는 스케줄을 말한다.

정 의

입력을 위한 수직 방위는 한 번에 하나의 입력 부분의 독특한 스케줄을 말한다.

실 례: 수평적

중앙집중식 신학교 또는 성경대학 학생들과 같은, 공식적인 훈련 상황에서, 학생들은 10주 또는 더 긴 기간 동안에 동시에 3, 4 과목 또는 더 많은 과목을 듣게 된다. 이것이 입력을 위한 하나의 수평적 접근이 된다.

실 례: 수평적

한 주간의 세미나와 같은 무형식 훈련 상황에서, 스케줄을 위한 보통의 접근법은 그 주간동안 매일 네 다섯 개의 주제를 배우는 것인데, 그와 반대로 하루 또는 이틀 동안 오직 한 주제를 다루고, 다음 주제는 다음 날에 다루는 방법을 계속하는 것이다.

실 례: 수직적

풀러신학교 선교대학원 여름 학교는 그것의 입력 디자인에 수직 접근을 사용한다. 2주간 씩 다섯 번 예정된 과정이 진행된다. 학생은 집중적인 2주 기간 동안 오직 한 과정만을 공부할 수 있다. 그들은 각각 그 기간에 하나의 과정을 택하여 여름 방학 동안에 다섯 과정을 할 수 있다.

실 례: 수직적

반구이 복음주의 신학교(Bangui Evangelical School of Theology: BEST), 중앙아프리카 공화국에 있는 프랑스어를 말하는 주민을 위한 3단계 훈련 학교는 모든 학기 동안 수직적인 접근을 사용한다.

코멘트: 학습 스타일

많은 문화들은 학습 스타일들을 갖고 있는데, 그것들이 한 번에 오직 하나의 새로운 입력(Input)에 집중을 할 때 보다 잘 한다. 동시에 몇 가지 입력 부분들을 다루는 것은, 방향감각 상실과 시간 뿐만아니라 효율의 손실을 야기 시킨다 왜냐하면 학습자들이 그들의 초점을 하나의 입력 부분에서 다음 입력 부분으로 바꾸기 때문이다.

융통성

입력을 위한 수직 방위는 경험적 학습 부분의 통합과 스케줄에서 융통성을 제공한다. 또한 그것은 수평적 스케줄보다 훨씬 더 광범위한 범위의 일시 고용의 훈련자들(adjunct trainers)을 허용한다.

1. 신학교와 같은 공식적인 훈련 상황을 위해 수직 방위의 몇 가지 장점을 열거하시오.

----

2. 신학교와 같은 공식적인 훈련 상황을 위해 수평 방위의 몇 가지 장점을 열거하시오.

----

3. 신학교와 같은 공식적인 훈련 상황을 위해 수직 방위의 주요한 단점은 무엇인가?

----

4. 신학교와 같은 공식적인 훈련 상황을 위해 수평 방위의 주요한 단점은 무엇인가?

----

5. 나는 몹시 난처한 입장으로 공식, 무형식 그리고 비공식 훈련 상황에서, 수평 방위보다 훨씬 더 많은 장점을 갖는 수직 방위를 제안하려고 한다. 만약 이것이 사실이라면, 왜 그렇다면 훈련에서 수직 방위가 그렇게 적은가?

해 답(Answers)

공식적인 훈련 상황은 그들이 집중적인 훈련기간 동안 다양한 전문적인 훈련자들을 모셔 올 수 있기 때문에 최소한의 전임 훈련자들로 운영 할 수 있다. 그 기관은 이러한 전임 전문가들을 감당 할 수가 없다. 경험적인 학습 부분은 미래의 언제(Sometime)가 아니라 즉시 현장(on-the-job)에서 개념들을 배우기 위해서 입력(Input)한 후에 즉시 수직적으로 스케줄될 수 있다. 훈련자들은 그들이 오랜 기간 동안 훈련 시설에 제한받지 않기 때문에, 입력을 테스트하는 사역에 관련하여 더 자유롭다. 훈련생은 수직 방위가 집중화된 시설에 출입하는 상황과 분산을 허용할 수 있기 때문에, 보다 더 적게 '적출될(extracted)' 수 밖에 없다.

서구 사회에 사는 사람들은 수평 방위에 익숙하다.

훈련자들은 그들이 오랜 기간에 동안 '집중적인 패키지(intensive package)'로 하는 것에 익숙한 입력을 압축하는 것을 할 수 없다. 어떤 종류들의 입력(Input)은 그 안에 '잠기기(soak)' 위해 오랜 기간을 필요로 한다.

모든 입력을 담당하기 위하여 하나의 시설 안에 충분한 전임 훈련자들을 유지하는 것은 비용이 비싸다. 훈련생들은 심층적으로 배우려고 노력하지 않지만 단지 통과 할려고 한다. 이는 바울에게 지불하고자 베드로에게서 많은 것을 강탈하는 것이다.

그것은 변화의 원동력에 관한 문제이다. 수직 방위는 현실 유지자(maintainer)로부터 많은 저항을 만나는 훈련에서의 혁신(innovation)이다.

⑥ 조직된 시간과 피드백

랄프 윈터(Ralph Winter)는 그의 저서 『신학 연장 교육』(Theological Education by Extension)에서 조직화된 시간이라고 부르는 개념을 소개했다. 이 개념은 상주하는 신학교에서 공부하는 과정들과 신학 연장 교육(T.E.E.)과정에서 공부하는 과정들과 동등하게 하기 위해서 그의 의해 사용되었다. T.E.E에 있는 학생들은 자기 학습 자료(self-study of materials)를 통하여 그들의 주요한 입력(Input)을 얻는다(일반적으로 프로그램화된 학습법에 의한 교과서 또는 그와 동등한 것). 또한 그들은 세미나에서 어떤 정해진 분량의 역동적 반향(Dynamic Reflection)의 시간을 갖는다. 전체 시간(자기 학습과 세미나)을 그 과정의 조직된 시간(Structured Time)이라고 불렀다. 이 시간이 학점의 동등성이 확립될 수 있도록 하기 위해서상주하는 학생의 수업 시간과 자습 시간을 합한 것과 같도록 했다. 이 조직된 시간의 개념은 모든 종류의 공식적 훈련, 무형식 훈련과 비공식적 훈련의 사이에서 '학점(credit)'의 동등성을 확립하는 중요한 방법이다.

정 의

조직된 시간은 입력과 관련있는 경험적인 활동에서 훈련생의 전체 포함된 시간을 의미한다.

실 례: 공식적 훈련

풀러신학교 선교대학원의 상주 과정의 한 학생이 40시간의 수업 시간을 보낸다.(10주 동안에 각 2시간 씩 2번의 수업 시간) 이에 매번 1시간의 수업 마다 2시간의 예습 시간을 더한다(2×40=80). 이 과정을 위한 조직된 시간은 40+80=120 시간이다. 학점 상으로 보면, 그 학생은 성적 증명

서에 4학점을 얻었다. 그래서 120 조직된 시간의 학습은 4학점과 동등하다.(실제로 100-120 시간은 4학점 과정을 위한 조직된 시간으로 받아들일 만하다)

실 례: 비공식 훈련

집중적인 세미나(무형식 훈련)에서, 뉴질랜드 오클랜드의 무형식 훈련에 있는 훈련생들은 변화 훈련 역동적 자료들(change-training dynamics materials)인 세미나 시작 이전의 독서와 약 20시간에 해당하는 자기 연구 묶음(self-study packets)에 써 넣는다. 그들은 모두 거의 40시간의 시간을 실제 세미나 수업과 소그룹 활동에서 보낼 것이다. 세미나 이후에 20-40 시간의 학습 프로젝트를 하기 원하는 학생들은 '캠퍼스에서의(on campus)' 4학점을 얻을 수 있다.

코멘트

학습에 있어서 실제 관련된 시간의 개념은 여러 가지 종류의 훈련 과정을 산정하는데 사용될 수 있다- 특히 비공식적인 것들 - 그것은 때때로 학점의 관점에서 고려되지 않는다. 이 개념은 특히 인턴쉽과 비공식 도제 교육에서의 성장 계약에 유용하다. 그것은 비공식적으로 일어난 경험적인 학습 활동과 영적 형성 입력을 산정하는 것에 유용하다.

1. 지역 교회의 보통 주일학교 수업에서 행하는 비공식적 훈련은 조직된 시간으로 얼마인가?

----

2. 아마 한 사람이 한 시간에 40페이지의 비율로 교과서 자료를 읽는다고 가정하라. 아마 한 사람이 특별한 주제에 독립적인 학습을 하기를 원한다고 가정하라(말하기를, 교회 교단 성장에 있어서 안수 정책의 역사). 3학점을 얻기 위하여 그런 한 사람이 몇 페이지를 읽어야 하는가?(한 과정을 위해 10주의 선교대학원과 같은 것을 사용하고 교실 안에서 1시간 학습마다 교실 밖에서 2시간 학습 인정).

----

1. 일반 주일학교 수업은 13주 과정동안 만난다. 그것은 한주마다 한 시간 동안 만나는 것이다. 일반 학생은 아마도 1시간 교실 수업 마다 30분의 수업외의 공부를 한다. 전체 수업 시간은 약 20시간이다. 대학부와 동등을 위해(1 시간의 수업 시간마다 1시간의 수업외의 공부), 4학점의 학습은 약80 시간의 수업이다. 주일학교 수업은 약 일 학점이다.

2. 그러한 사람은 적어도 100시간의 수업이 필요하다. 어떤 교수들은 120시간을 요구할 것이다. 120시간 곱하기 한 시간당 40페이지 공부는 대략 5000페이지 독서가 된다. 물론, 독서하는 동안에 학습이 성취되는 것을 보증하기 위하여 어떤 의무에 대한 요구가 있을 수 있다.

⑦ 통달 학습(Mastery Learning)

통달학습 모델은 처음으로 미시간 주 종합대학교의 노만 벨(Norman T. Bell)박사에 의해서 1973년에 트리니다드(Trinidad)에서 개최된 카리브 해 성경대학협회 세미나에서 필자에게 소개되었다. 그것은 교육학적인 접근의 한계 속에서 학습을 개인화를 추구하는 시도이다. 비록 교육학적 (Pedagogical)이 주요 접근법이라 할지라도, 그것이 성인 교육학적 (Andragogical) 방법보다 더 낮은 개념을 가지고 있다. 그것은 또한 책임 (Accountability)에 초점이 맞추어져 있다.

정   의

통달학습은 적합한 교육적인 상태 하에서 사실적으로 모든 학생들이 그들이 가르침 받은 것을 가장 잘 배울 수 있다는 것을 가정하는 가르침에 대한 하나의 철학적인 접근법이다.

본질적 개념

주의해서 보아야 할 위의 정의에 있어서 중요한 단어(Key words)는 '적합한 교육적인 상태 하에서' 라는 것이다. 이 상태들을 설명하는 변수들은 다음 페이지의 지도(map)에서 있는데 '통달학습 안에서 5가지 주요 변수들' 이다.

반대자들

가르침/학습에서 통달학습 접근법에 반대가 없는 것이 아니다. 이 접근법이 복잡한 주제들 또는 감성적인 영역과 관련된 주제들을 위해서 사용될 수 없다고 말하는 사람들이 있다.

블 룸 (Bloom)

벤자민 블룸(Benjamin S. Bloom, 1968)은 통달학습 접근을 많이 격려하였다. 블록(J.H. Block), 블룸의 동료, 블룸의 초기 사역을 뒤 따랐다.(블록 1971, 1974)

핵심개념 (Key Idea)

가르침을 위한 전형적인 학교적인 접근은 시간을 일정하게 붙잡고 그리고 학생이 다양하게 행하도록 한다. 즉 다시 말하면, 한 주제는 주어진 일정한 시간 안에 가르쳐 진다. 이것은 수평 방위의 단점들 중의 하나이다. 더 총명한 학생들(아마-그러나 학습에 더 빠른 더 유망한 사람들)은 덜 총명한 학생들이 낮은 등급을 받는 시간 동안 더 높은 등급을 받는다. 추측컨데, 만약 충분한 학생들이 한 과정을 들으면, 당신은 정해진 일정한 기간 안에 주어진 한 과정을 가르칠 때 기대될 수 있는 성적들을 벨 모양의 곡선에 통계적으로 기입할 수 있다. 통달학습은 학생들이 실행할 목표들과 세부적 목표들을 상세히 설명한다. 학생들의 실행은 이 규정된 목표들과 세부적 목표들에 의하여 일정하게 거행된다. 시간은 충분히 허락된다. 즉, 학생들은 그 과정을 지정된 완전 습득 단계까지 완전 습득하기 위해 필요한 만큼의 많은 시간을 취하도록 허락된다. 실행은 일정하게 거행되고 시간은 충분히 허락된다. 학생들은 과정의 다양한 면을 반복할 수 있으며 그리고 그들이 만족하게 실행할 때까지 자료들에 관해 반복적인 시험을 할 수 있다.

학습의 초점

통달학습은 실행 단계가 목표에 도달할 때까지 자료의 부분들의 반복적인 학습을 허락한다. 반복적인 시험은 또한 통달학습의 특징이다. 입력(input)의 주요한 부분들을 위한 선택적 학습 묶음은 통달학습의 특징이다.

a. 5가지 주요 변수

요한 카롤(John B. Carrol, 1963, 1970)은 몇몇 교육적 실험을 수행하였다. 본질적으로, 카롤은 학생이 학교 학습에서 성공에 이르도록 영향을 미친 주요한 요소들의 윤곽을 개념적 패러다임으로 끌어내려고 노력하였다. 학생들에 의한 외국어 학습에서 카롤의 초기 연구는 언어에 대한 적성은 학생이 주어진 시간 안에서 학습하는 단계 뿐 아니라 주어진 단계에서 학습에 요구되는 시간의 양도 예견했던 것을 신뢰하도록 인도하였다. 그의 실험의 결과로서, 카롤은 적성은 이상적인 교육적 상황 하에서 주어진 기준 단계에서 과제를 배우도록 요구된 시간의 양을 측정하는 함으로서 규정될 수 있었다라고 결론지었다. 속기 표기법에서 카롤은 말하길,

$$\text{배움의 정도} = \frac{\text{실제로 사용한 시간}}{\text{필요한 시간}} \text{의 함수}$$

결국 카롤은 아래 기록된 5가지 변수를 포함한 이 모델을 확장하였다.

캐롤의 5가지 통달학습 변수

1. 특별한 종류들의 학습을 위한 적성.
2. 교육의 질,
3. 교육을 이해할 수 있는 능력,
4. 인내
5. 학습을 위해 허용된 시간.

추가작업 Follow-Up 통달학습 모델

벤자민 블룸은 카롤의 발견을 가지고 그들을 발전시켜 통달학습을 위한 실제모델을 계발했다. 그의 가정은 만약 카롤의 적성에 대한 전망이 옳다면-즉 만약 적성이 학생이 주어진 과업을 배울 수 있는 단계를 예견하거나, 그렇지 않으면 단계를 예견할 필요가 없다 -그렇다면, 그가 통달 습득이라고 부르는 단계에서 학생들이 기대하는 학습의 단계를 고정 시키는 것과 거의 모든 학생들이 그것을 얻기 위해서 카롤의 모델에 관련된 교육의 변수들을 체계적으로 조정하는 것이 가능함이 틀림없다.

b. 순서도

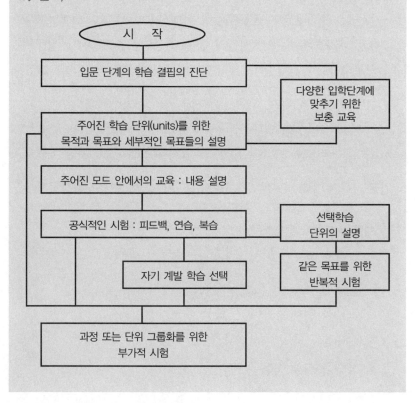

과정의 설명

첫 번째, 학생은 적당한 입학 단계 성적을 위해 시험을 치른다. 만약 그/그녀가 이 단계에 합격하지 않는다면, 입학단계에 상응하기 위해 보충교육이 주어진다. 다음에, 학생은 신중히 규정된 완전습득 목표와 세부 목표를 가진 한 단위의 연구가 주어진다. 그 다음에, 교육은 교육의 특별한 방법을 사용하는 것으로 주어지는데, 희망하기는 학생의 학습 스타일에 순응되기를 기대한다. 그 다음에, 학생은 완전습득 단계을 검사를 받는다. 만약 그/그녀가 이 시험에 합격한다면, 학생은 다음 연구 단위로 가며, 그 과정을 다시 시작한다. 만약 학생이 공식적인 시험에서 완전습득 단계에 합격하지 못한다면, 학생은 하나의 선택학습 단위가 주어지며, 아마 학생에게 더 적합한 다른 유형이 주어지며, 그런 다음, 목표 도달을 위한 재시험을 치른다. 그 과정은 완전습득 할 때까지 계속된다.

c. 피드백

1. 어떤 통달학습 방법의 교육/학습을 반영하는 당신이 개인적으로 경험한 학습활동의 어떤 실례라도 여기에 열거하시오.

----

2. 사역을 위한 훈련에 관련된 훈련 프로그램에 적용해도 좋은 통달학습에 연관된 어떤 것이라도 여기에 열거하시오.

해 답(Answers)

수업 중에 소그룹에서 당신이 나눌 대답들을 준비하십시오.

3) 7가지 관점을 비교한 요약

관 점	얼마나 유익한가
커리큘럼/커리 큘럼 훈련요소	홀랜드의 두 트랙 비유의 모든 관점에서 모든 활동을 평가하는 전망을 넓힌다. 단지 공식적인 과정들만이 아니고, 기타 등등. 영적 형성을 위한 책임을 이끌어내라; 게다가 무형식과 비공식 훈련에 적용한다.
적출/확장 연속선	적출/확장은 다른 방법으로 다른 레벨들에 영향을 미친다는 인식을 끌어낸다. 단계 1과 2의 사역을 위한 단계 1과 2는 확장 초점을 가져야한다; 단계 3은 양쪽을 다 가져야 하고, 단계 4, 5는 적출이 필요하다. 양쪽 모두 훈련되어 지는 단계와 무엇을 위해서 훈련되어지는 단계에 따른 장단과 단점을 가지고 있다.
교육학/성인 교육학 연속선	학습과정과 사람의 계발을 위한 가장 적합한 방법을 위한 신중한 선택에 초점을 맞춘다. 학습과정이 내용보다 더 중요하다 그러나 어떤 항목들은 자발적 학습에 의해서 더욱 효율적으로 학습될 수밖에 없다.
개인화/비개인화	개인들의 계발의 평가와 심지어 그룹 상황에서도 학습을 위한 다중 트랙(Multiple Tracks)의 창조를 이끌어낸다. 또한 그룹 과정들이 학습요소로서 더 중요하다는 곳을 지적한다.
수평/수직 방위	(인식력 있는 경험의 통합을 포함한) 학습 과정의 연속적인 평가를 끌어내고, 더욱이 훈련비용의 행정적인 개괄을 이끌어낸다; 또한 다른 문화적 학습 스타일을 고찰하여 이끌어낸다.
조직된 시간	공식 훈련 상황들에서 비공식(informal) 훈련과, 무형식(non-formal) 훈련을 받아들이는 그런 융통성을 위한 길을 연다; 책임을 위한 무형식 그리고 비공식 훈련을 보다 잘 조직하여 돕는다.
통달학습	책임을 향한 동기 부여 한다; 교육적인 접근 범위 안에서 개인화를 시도한다; 다양하게 허락된 시간과 일정한 학습을 유지하는 것의 중요성을 지적한다.

리더의 유형들, 즉 리더십의 단
계들은 더 큰 것이 더 좋다는
것을 의미하려고 하는 것이 아
니고 더 높은 리더십의 단계로
리더들을 계발하고자 할 때에
여러 문제들을 직면하게 됨을
알려주어 구별하고자 하는 것
이다.

5장

개정된 시스템 모델의 확장 – 요소 3,4

01 개론과 목표

이 장에서는 개정된 시스템 모델의 요소3과 요소4의 요소(Factor)들을 분석하는데 있어서 도움이 되는 관점들(Perspectives)을 소개 할 것이다.

목표들

이 장의 목표들은 사실상 일반적인 것이다 왜냐하면 당신은 단지 중요한 개념들만 소개를 받았을 뿐이기 때문이다, 그러나 후에 반드시 보다 세부적인 방법으로 깊게 공부해야만 할 것이다. 이것은 이러한 개념들 중에서 첫 번째 관문(first pass)이다. 이 목표는 당신이 이들 관점들을 사용함에 있어서 숙달되게(proficient)된다면, 이들 영역에서 더욱 더 많은 사역들을 필요로 하게 될 것을 기대한다.

목표 1

훈련 계획의 목적과 목표와 세부목표들의 체계도에 대하여, 당신은 이러한 기본 단계들을 구별할 수 있어야 한다. 당신은 첫 번째 설계(first draft) 시도에서 목적과 목표들을 명확하게 말할수 있어야 한다.

목표 2

계획의 체계도를 위해, 당신은 심화 학습에 유용한 자료들을 알 수 있어야 합니다. 당신은 이 자료들을 자세히 살펴 볼 것이고 또 연속선을 따라서 당신은 이 자료들을 당신이 읽는 것을 촉진하기를 원한다는 것을 알 것이라고 추측한다.

목표 3

세부적인 목표들의 분류도(Taxonomy)에 대하여(감성적인 영역), 당신은 연속선을 따라서 기본적인 범주의 세목들을 열거하고 설명할 수 있어야 한다. 또한 당신은 "그들이 행하기위해서 어떤 사람이 되어야 하는가?"라는 기본적인 질문을 반영함으로 이 분류도의 유용성을 인식할 수 있어야 한다.

목표 4

세부목표들의 분류도에 대하여(경험적 영역), 당신은 연속선을 따라서 기본적인 범주의 세목들을 열거하고 설명할 수 있어야 한다. 또한 당신은 "그들이 무엇을 알기 위해서, 어떤 사람이 되기 위해서 그리고 무엇을 행하기 위해서 무엇을 경험해야 하는가?"라는 기본적인 질문을 반영함으로 이 분류도의 유용성을 인식할 수 있어야 한다.

실례들

필자는 세계선교대학원에서 리더십 전공(concentration)을 위한 필자의 분석으로부터 3중목적의 체계도(hierarchy)의 몇개의 실례들 것이다. 또한 필자는 학습의 세부 목표들과 더불어 당신의 기술들을 개발시키는데 필요한 더 나은 사역들의 방향을 제시할 것이다.

02 요소3

1) 삼중 계획의 체계도- 목적, 목표, 세부목표

훈련프로그램에 있어서 바라는 것을 폭넓게 분석하기 위한 하나의 유용한 접근법은 아래에 제시된 피라미드형 접근법이다. 훈련프로그램의 전체적인 계획들은 목적들(Purposes), 목표들(Goals), 세부목표들(Objectives)의 관점으로 분석될 수 있다. 당신이 분석한 많은 훈련프로그램들은 심지어 뚜렷이 구두로 된 형태로나 혹은 기록된 형태로 이러한 계획들이 진술되지 않았을 것이다. 많은 경우에 이러한 계획들은 암묵적이다 그래서 분석자에 의해서 반드시 '근절되어야(rooted out)' 한다. 요소3 분석을 하는데 있어서 당신의 첫 번째 임무중 하나는 분석하고 있는 훈련프로그램의 목적들, 목표들, 세부목표들과 관련된 임시적인(tentative) 개념들(ideas)에 도달하는 것이다.

정 의

목적들(Purposes)은 훈련프로그램의 계획들 중에서 가장 높은 단계를 말하는 일반적 범위의 진술(statement)을 말한다.

정 의

목표들(Goals)은 목적 진술들의 성취 영역들을 기술하는 계획의 진술들을 말한다.

정 의

세부목표(Objectives)는 목표들의 범위 안에서 특별 학습 요소들을 측정하는 진술들을 말한다.

코멘트

목적(Purposes)과 목표(Goals)는 감성과 지성과 기술적 계획들을 포함하는 언어로 기록된다. 언어는 때로 그렇게 특별한(specific) 것이 아니라, 계획들의 범위를 좁히는데(narrow) 도움을 주는(serve) 것이다.

코멘트

세부목표(Objectives)들은 일반적으로 가장 구체적이고, 때로 훈련생의 견해(Frame of Reference)의 관점에서 기록된다. 즉, 그것들은 매우 구체적인 기간 안에 훈련생이 알아야 하는 것(Know)과, 되어야 하는 것(Be)과 해야 하는 것(Do)의 관점에서 진술된다.

계획들(intents)의 체계도

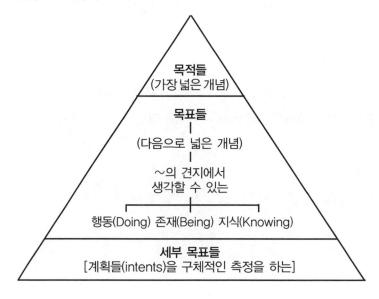

2) 목적들의 실례

세계선교대학원의 리더십 전공(leadership concentration)은 요소-1과 요소-3의 분석에 기초를 두고 있는데, 이는 다음과 같은 생각을 반영한 것이다.

요소1

선교대학원에서 공부하는 사람들에 대한 분석은 다음과 같은 넓은 범주들을 보여준다: 직접적 사역 영역의 선교현장에서 사역을 기대하는 사람들; 직접 훈련과 관계된 현장에서 어떤 역할의 경험이 있는 서구 출신 선교사들; 현장에서 조직적 역할들의 경험이 있는 서구 출신 선교사들; 타문화(cross-cultural) 패러다임 전환(paradigm shift)의 경험이 있거나 혹은 없는 기본적으로 사역 전에 있는 비서구 출신자들; 전도와 교회개척(church planting)에 직접 기초 사역에 현재 참여하면서 타문화 경험이 있는 비서구 출신자들; 조직 속에서 역할을 한 타문화 경험이 있는 비서구 출신자들; 훈련에 역할을 한 타문화 경험이 있는 비서구 출신자들; 조직에서나 훈련에 역할을 한 사역의 경험을 가졌지만 타문화 경험을 하지 못한 비서구 출신자들이다.

목표 그룹

입학하는 학생들의 이와 같은 넓은 범주가운데서 단지 극히 소수의 학생들만이 리더십 전공에 마음을 두고 있다. 첫째로, 직접 사역의 반대로서 간접 사역들을 하고 있는 오직 그 사람들만 목표가 되었다. 간접 사역자들은 단계3과 그 이상의 사역자들이다. 이것은 다른 사람을 통하여 사역하고, 그들의 기초적인 사역이 전도와 교회 개척의 단계가 아닌 사람들을 의미한다. 둘째로, 리더십 전공은 조직적 역할 유형의 사람들에 초점이 맞추어져있다. 셋째로, 리더십 전공은 훈련 역할 유형의 사람들에 초점이 맞추어져있다. 이러한 범주밖에 있는 사람들은 때때로 리더십 과정에 들어오지만, 일반적으로 이러한 범주 안에 있는 사람들만큼 유익을 얻지 못한다. 이 분석을 통하여 리더십의 단계들과 영향력의 범주(Sphere of Influence)의 기본 개념이 이 분석을 도왔다는 것을 알 수 있다.

목적들

이렇게 영역을 좁힘으로 다음의 목적들이 틀림없이 이해되어진다. 이것들은 목적들에 "첫 번째 설계(first-draft)"의 시도이다; 이것들이 결코 완전한 것은 아니다. 그러나 필자는 그 동안에 그것들에 영향을 주면서 여전히 그것들을 재형식화하고 다른 것들을 형식화하고 있다.

3) 리더십 전공을 위한 일곱 가지 리더십 목적

목적	기본 수준	기본 진술 (Basic Statement)
1	훈련의 평가자들	'리더십 훈련자들'에게 다중 단계(Multi-Level) 리더십의 관점에서 지속적으로 훈련을 평가하기 위한 책임감을 가르쳐 주는 것. 여기서 이 평가는 언제나 교회성장과 연관이 되어야 한다. (여기 교회성장은 양적인 면, 질적인 면, 유기적 성장을 포함하는 다차원(multi-dimensional)성장을 의미하는 것으로 이해된다.)
2	훈련 구조들의 이행가들 (Implementers)	'리더십 훈련자'들에게 교회성장을 증진시킬 필요가 있는 곳에서 새로운 훈련 방법론을 창조하거나 혹은 수정하기 위한 지식과 기술들을 갖추게 하기 위한 것.(여기 교회성장은 양적인 면, 질적인 면, 유기적 성장을 포함하는 다차원(multi-dimensional)성장을 의미하는 것으로 이해된다.)
3	조직체들의 평가자들	'리더십 관리자들(directors)'에게 다차원 성장의 관점에서 그들이 관계된 구조를 지속적으로 평가하는 책임감을 가르쳐 주는 것.
4	리더십 구조들의 이행자들	'리더십 관리자들(directors)'에게 다차원 성장에 최대의 공헌의 보증을 지향하는 관점에서 구조적 변화의 필요를 인식하고 조직 안에서 필요한 변화를 일으키기 위한 지식과 기술들을 갖추게 하는 것.
5	협동적 노력 (Cooperative Efforts)	리더들에게 회중적 구조들(Congregational Structures: Modality)과 선교 구조들(Missional Structures: Sodality)이 가장 효율적으로 구속적 명령(Redemptive Mandate)을 수행하기 위하여 공생적으로 활동해야 한다는 확신을 가르쳐 주는 것.
6	연구 (Research)	리더들에게 성장을 향상시키고 장애물의 연구를 위한 자원들의 활용을 위한 필요를 리더들에게 하여서 자료들 사용하는 것의 필요를 가르쳐 주는 것.
7	보급 (Dissemination)	리더들에게 연구 정보의 보급의 필요성을 가르쳐 주는 것.
8	멘토링 (Mentoring)/ 계발 (Development	리더들에게 리더십 선택 과정 이론을 사용하는 멘토링에 지속적인 헌신을 가르쳐 주어서 리더들이 다중 단계 연속선을 가로질러 계속적으로 계발되게 하기 위함이다.

코멘트

당신은 이것들이 입력이 그룹화 될 수 있는 넓은 영역들을 윤곽을 나타내는 높은 단계 범주의 계획들이라는 것을 인식해야 한다.

4) 목표들의 실례

아래 3개의 표(존재, 지식, 행동)는 리더십 전공의 목표들을 포함하고 있다. 이 목표들은 홀랜드의 3가지의 유명한 범주, 즉 존재(BEING), 지식(KNOWING), 행동(DOING)의 관점에서 열거되어 있다. 후에, 필자는 이들 목표들을 다양한 과정들과 연관시켜서 그것들을 성취하고자 한다. 당신은 어떤 목표들은 다른 것들보다도 더 느슨하게(loosely) 진술되었다는 것을 주목해야 할 것이다. 그러나 그것들은 입력이 와야 하는 넓은 범위를 가리킨다.

① **존재목표 :** 참가자들은 다음과 같이 될 것이다.
- 다른 모든 스타일들에 대한 기본으로서의 섬김의 리더십에 확고하게 헌신하면서 리더십 스타일에서 융통성이 있는 리더들.
- 비전과 지혜의 사람들: 즉, 그들이 서로 협력하여 영향을 미치며, 그들로 하여금 하나님의 뜻으로 인도하는 하게 하는 사람들을 위해 하나님의 뜻을 분별할 수 있는 사람들, 그리고 또한 과거의 교훈에 감사하며, 그들의 사역에 그 평가를 적용시킬 수 있는 사람들
- 그들의 리더십 영향력의 가장 기초가 되는 것으로서의 영적권위를 세우는데 필수적으로 필요한 것을 계발시키는데 헌신된 사람들
- 그들의 사역들에서 권능으로 하나님께서 개입하시는 것에 대해서 긍정적으로 동기부여가 되는 리더들
- 리더십의 연속선에 따라 다른 사람들에게 영향을 미치는 능력있는 수단으로서의 모방(Imitation) 모델링의 사용에 헌신된 사람들
- 교회성장의 중요성에 대해서 확신하는 사람들
- 그들을 자신의 리더십을 넘어서는 단계까지 계발시킬 수 있도록

하면서, 다른 사람들을 자유롭게 멘토링 할 수 있는 사람들

② **지식목표 :** 참가자들은 다음과 같은 것들을 알게 될 것이다.

- 교회성장 이론의 본질들
- 선교신학으로 균형 있게 접근하는 것의 본질들-이것은 구속적 명령 (Redemptive Mandate)과 문화적 명령(Cultural Mandate) 모두 가 항상 사역 평가에 대한 관점들로서 초점이 맞추어져야 한다는 것 을 의미한다.
- 학생으로 하여금 스스로를 발견케 하는(heuristic) 도구로의 관점들 과 모델들의 사용을 포함하는 개념들이 함축되어있는 교육적 시스템 분석의 본질들
- 수많은 다른 모델을 이해할 뿐만 아니라 합성 모델들의 원리를 이해 하는 것 같은 선택적인(alternative) 훈련모델들의 학습 세트
- 리더십 단계들과 또한 훈련의 목적, 목표, 세부목표들에 적용되는 것 으로서 분류도의 개념
- 훈련 계획들의 체계적 분석의 본질들
- 커리큘럼과 과정 디자인 원리들의 본질들
- 교육 자료 디자인 원리들의 본질들
- 영적은사 이론의 본질들
- 역사적 다이나믹스 분석의 본질들
- 소달리티(Sodality)/ 모달리티(Modality) 다이나믹스의 본질들
- 운동 이론(Movement Theory)의 본질들

③ **행동목표 :** 참가자들은 다음과 같이 할 수 있을 것이다.

주된 목표 I : 참가자들은 특별한 사역 영역들에 적용 가능한 독특한 전략 리더십 훈련 프로그램들을 디자인할 수 있을 것이다.

- 한 사람의 사역영역에서 리더십 분류도를 확인하라(identify).
- 다중 단계 리더십 필요들과 다차원적 교회성장 목표들의 관점에서 현재 훈련의 평가하고 분석하라.
- 리더십의 은사를 인식하라.
- 훈련에 사용을 위한 현재의 선택적 모델들을 분석하고 적용하라.
- 교육 시스템 디자인에 기초를 독특한 훈련을 합성하라.
- 훈련시스템을 위한 커리큘럼들을 디자인하라.
- 커리큘럼들을 위한 과정들을 디자인하라.
- 과정들을 위한 자료들을 디자인하라.

주된 목표 II : 기독교의 확장을 돕는 선교와 회중적 구조들을 위한 프로그램을 분석하고, 디자인하고 이행하기 위하여.

- 기독교의 확장에 대한 공헌의 관점에서 현재 선교 구조들(소달리티)과 회중적 구조를(모달리티)를 분석하고 평가하기 위해 역사적인 원동력(dynamics)을 활용하라.
- 소달리티와 모달리티안의 변화의 잠재력을 평가하기 위하여 조직 시간 관점(structural time perspective)을 활용하라.
- 소달리티와 모달리티안에서 역할을 선택하고, 변화를 디자인하고, 같은 것을 이행하기 위한 조직 변화 이론(Change Agent Theory)을 활용하라.

- 필요한 곳에 소달리티 구조들을 디자인하고 이행하기 위해 소달리티/모달리티 원동력을 활용하라.
- 자신의 현장(locale)안에서 운동들(movements)을 분석하기 위해 운동이론 (Movement Theory)을 활용하라.
- 소달리티 혹은 모달리티에 의해서 현재 되어 지지 않는 기능들을 일으켜야 할 필요로 있는 곳에서는 새로운 운동들을 창조하라.
- 자신의 나라 안에서 역사적인 원동력을 분석하고 현재 사역을 위한 적용들을 끌어내라.
- 리더십 계발과 교회성장을 위한 적용들과 관계하면서 경향들(trends)과 지역적(local), 광역적(regional), 국가적, 국제적 상황을 분석하라.

5) 분류도와 분류도를 위한 심화학습 자료들

이것(분류도)은 관찰된 데이터를 분석하여 그 데이터를 분명한 그룹들로 범주화하고자 할 때에 자주 도움이 된다. 데이터는 그 데이터를 분리하기 위한 기준에 의존하여 수많은 범주들로 그룹화 될 수 있다. 분류화 (classification)는 데이터를 다양한 범주들로 나누는 개념을 의미하는 광범위하고 일반적(generic)인 용어이다. 범주화중의 특별한 방식은 분류도의 개념을 사용하는 것이다. 이 분류도는 일반적으로 어떤 연속선을 따라 데이터의 정돈된 배열이고, 그 범주는 그 데이터 자체 안에서 발견된 어떤 고유한 특징을 기초로 하고 있다. 즉, 그 범주들은 그 데이터 자체의 본성 안에서 관찰된 어떤 분명한 규칙에 의해서 서로 관련이 되어 있다.

정 의

분류도는 하나의 정돈된 데이터의 배열이 동일화를 위한 기준이 데이터 자체안의 고유한 관계들에 기초한 동일함을 증명 할 수 있는(identifiable) 범주들로 이루어진 것이다.

실 례

브룸(Benjamin Bloom)과 그 외 다른 사람들은 서양 사회의 사람들이 인식적인 정보를 어떻게 배우는지의 설명을 위하여 연속선을 따라 인식적인 정보가 나타내는 단계의 일련의 범주를 확인하였다. 연속선의 아래쪽에 있는 각각의 범주는 그것 이전 범주의 모든 단계의 인식적 정보의 통달 (mastery)을 요구한다. 인식적 영역을 위한 중요한 범주들이 아래 그림에 있다. (브룸은 각각의 중요 범주 안에 몇 개의 단계들을 정의하였다)

1.0	2.0	3.0	4.0	5.0	6.0
Knowledge	Comprehension	Application	Analysis	Synthesis	Evaluation
지 식	이 해	적 용	분 석	합 성	평 가

그림 5.1 블룸의 인식적 분류도(Bloom Cognitive Taxonomy)

분류도의 실례들

- 교육목표들의 브룸(Bloom)의 분류도: 감성적 영역

- 크라솔(Krathwohl)의 교육목표들의 분류도: 인식적 영역

- 슈타이네커(Steinaker)와 벨(Bell)의 교육목표들의 분류도:경험적 영역

- 콜버그(Kohlberg)의 도덕 계발 분류도

- 파울러(Fowler)의 신앙 계발 분류도

심화학습

브룸과 크라솔과 슈타이네커와 벨의 분류도의 도서목록(bibliography)을 보라. 또한 다음 페이지의 심화 학습을 보라.

교육적 디자인

교육을 위한 자료의 디자이너들은 학습의 단계들의 사용을 생각하는 분류도를 사용한다. 프로그램화된 디자인 기술들을 보라.

분류도를 위한 심화학습 자료들
(Materials FOR Further Study For Taxonomies)

Bloom, Benjamin et. al.

1971 Taxonomy of Educational Objectives, Handbooks I and II. Longman, U.K.: David McKay   Co. U.S.

1981 Evaluation to Improve Learning. New York: McGraw Hill Book Company.

Dollar, Harold

1978 "Lawrence Kohlberg's Theory of Moral Development: A Discussion." Pasadena: SWM, unpublished paper.

Ford, LeRoy

1978 Design for Teaching & Training: A Self Study Guide to Lesson Planning. Nashville: Broadman Press.
Comments: Uses the hierarchical approach to instructional intents though he uses slightly different definitions. He also uses non-technical language. This is very good information.

Krathwohl, David R. et. al.

1964 Taxonomy of Educational Objectives: Affective Domain. New York: McKay.

Mager, Robert F.

1962 Preparing Instructional Objectives. San Francisco, Ca:
Fearon Press.

1968 Developing Attitude Toward Learning. Belmont, Ca:
Fearon Press.

1972 Goal Analysis. Belmont, Ca: Fearon Press.

1973 Measuring Instructional Intent. Belmont, Ca:
Fearon Press.

Pagliuso, Susan

1976 Understanding Stages of Moral Development: A Programmed
Learning Workbook. New York: Paulist Press.

Popham, W. James

1973 The Uses of Instructional Objectives. Belmont, Ca:
Fearon Popham. W. James et. al.

1970 Establishing Instructional Goals. Trenton, N.J.:
Prentice-Hall.

Steinaker, Norman and M. Robert Bell

1979 The Experiential Taxonomy: A New Approach to Teaching
and Learning. New York: Academic Press.

이장에서 개정된 시스템 모델의 품질 제어의 면을 더욱 세부적으로 검토한다. – 피드포워드(Feedforward)의 개념과 계속적인 피드백(Feedback)과 오랜 기간의 피드백의 개념들. 이것은 우리가 1-4 네트워크, 3-4 네트워크와 4-2 네트워크를 살펴 볼 것을 의미한다.

1-4 네트워크:

요소 1의 분석에 대한 모든 질문들은 다음 개념의 관점에서 질문해야 한다: 이 등록한 훈련생들에 대한 정보는 시스템의 디자인에 어떻게 영향을 미치는가? 즉, 등록한 훈련생들의 분석이 실제로 요소 2의 훈련프로그램에 어떤 일이 일어나도록 변화시키는가?

3-4 네트워크:질문들

요소 1의 분석에 대한 모든 질문들은 다음 개념의 관점에서 질문해야 한다: 이 수료한 훈련생들에 대한 정보는 시스템의 디자인에 어떻게 영향을 미치는가? 즉, 수료한 훈련생들의 분석이 실제로 요소 2의 훈련프로그램에 어떤 일이 일어나도록 변화시키는가?

● 시스템의 단기적 기간의 평가가 있는가?

● 시스템의 장기적 기간의 평가가 있는가?

● 훈련이 모든 자(훈련생과 훈련자)에게 유익이 되는 훈련생/훈련자(emic/etic)의 필요를 채우는 가를 확인을 위한 다른 모달리티/소달리티와 함께 하는 조정(coordination)이 있는가?

4-2 네트워크

필요할 때에는 훈련 중에도 수정을 할 수 있기 위하여 어떠한 방법으로 참가자들과 요소 2가 평가될 수 있는가? 참가자들이 경험하는 부담이 되는 요소들(Load Factors)은 무엇인가? 그것들은 줄여야 하는가 혹은 늘려야 하는가? 훈련은 적합하다고 인정되는가? 만약 그렇지 않다면 그것의 적합성을 지적하기 위해 어떤 것들을 할 수 있거나 혹은 적합하게 만들 수 있는가? 참가자들은 주제에 대해 동기가 부여되는가? 즉, 주제-문제-접근 태도(Subject-Matter-Approach Attitude)같은 훈련의 방향이 발전하고 있는가? 만일 주제-문제-회피적 태도(Subject-Matter-Avoidance Attitude)가 발전되고 있다면, 너무 늦기 전에 무엇이 수정되어야 하는가? 평가를 위한 체계는 있는가? 훈련자들, 참가자들, 행정적인 지원들에대한 평가는 하는가? 비공식/무형식 활동들에 대한 평가는 어떻게 하는가?

4-3 네트워크

때때로, 어떤 훈련 프로그램이 진행 중 이라도 그 훈련 기관은 그 훈련 프로그램의 적합성에 관한 피드백을 얻기 위하여 바로 훈련을 마친 수료생들에게나 사역 현장에서 일하는 전문 사역자들에게 직접 가야 할 것이다. 그러한 피드백은 현재의 훈련 프로그램을 바로 바꾸거나 미래의 그 훈련 프로그램을 바꾸게 될 것이다.

1) 피드-포워드 네트워크: 4-1과 1-4와 피드백

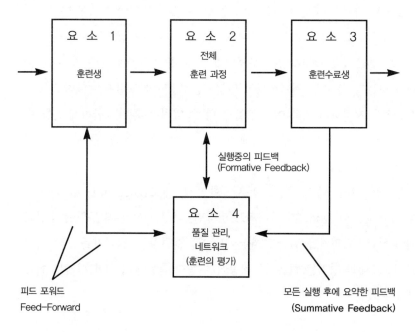

그림 5. 개정된 시스템 모델 (피드 포워드 네트워크를 시험하는)

정 의

피드 포워드는 어떤 방법들을 의미하는데

● 입학하는 훈련생들로부터 훈련 시스템 안으로 정보가 흐르게 하는 방법,

● 그리고/또는 시스템으로부터 입학하는 훈련생들에게 정보가 흐르게 하는 방법,

이는 실제 훈련 시작 전에 주어지고, 그리고 사용할 수 있는 경우는,

● 입학하는 훈련생을 선발하는데

● 훈련 전에 미리 필요한 지식과 기술들의 향상을 돕는데,

그리고 훈련자들에 의해서 사용될 수 있는 경우는,

- 훈련의 특기를 좀 더 알게 하기 위하여 재구성하는데, 그리고
- 가능한 모든 방법으로 훈련을 입학 훈련생에 맞추기 위해 훈련을 재구성하는데

피드 포워드 네트워크의 피드백

1. 어떤 전형적인 4-1 기술은 무엇입니까?

----

2. 공식적 형식의 기관의 훈련 프로그램에서 훈련생이 취할 수 있는 것 중에 이론적으로 변화를 줄 수 있는 1-4 피드 포워드의 실례를 드시오.

----

3. 수업에서 도움이 될 수 있는 1-4 피드 포워드의 실례를 드시오.

----

4. 당신의 견해로 1-4 피드 포워드가 항상 수업에 영향을 줍니까?

해 답(Answers)

수업 중에 소그룹에서 당신이 나눌 대답들을 준비하십시오.

2) 피드백 네트워크

시스템 적응 모델은 다음과 같다.

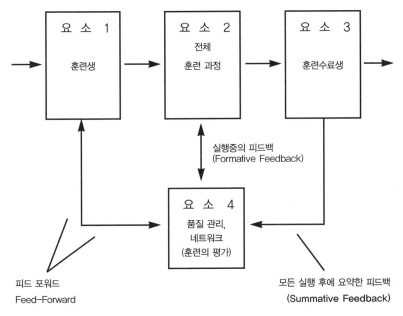

그림 5. 개정된 시스템 모델 (피드 포워드 네트워크를 시험하는)

정 의

피드백 네트워크는 다음과 같은 수단에 다루어진다.

● 입학 훈련생들로부터 훈련시스템으로 흘러오는 정보, 그리고/혹은

● 시스템으로부터 훈련수료생들에게 흘러오는 어떤 정보

　　이것은 실제 훈련 동안에 혹은 후에 주어진 것이고. 다음과 같이 사용될 수 있다.

- 프로그램의 중간흐름(mid-stream)을 바꾸는데, 혹은
- 다음 입학 훈련생들을 위한 더 나은 훈련프로그램을 만들기 위해서 훈련 프로그램 시행 후에 그 훈련 프로그램을 바꾸는데, 그리고,
- 관계된 아웃사이더들에 의해서 인식된 필요에 대해 더 적합하게 만들기 위해 훈련 프로그램을 바꾸는데,

실례 : 실행중인 피드백

주어진 수업에 있어서, 학생들은 그들에게 압력을 가하는 교수에 관계한다. 이 압력은 그들의 프로그램들에 전체 부담(load)들에 대해서 그들이 느끼고 있는 압력들이다. 교수들은 그 자신의 주제 영역 안에서 부담들을 가볍게 해 줌으로 반응하게 된다.

실례 : 실행후의 피드백

대만 조사팀 훈련프로그램(Taiwan Search Team Training)과 같은 무형식 훈련프로그램은 프로그램 실행 후에 5년 동안에 훈련자들 각자의 연간 팔로업 보고서를 만들었다. 그 보고서의 발견들을 훈련 프로그램을 수정하는 데 활용한다.

3) 실행중의 피드백(Formative Feedback)

실행후의 피드백(Summative Feedback)은 사건 후의(after-the-fact) 훈련정보에 관련이 있다. 실행중의 피드백은 현재 진행되고 있는 훈련 프로그램을 개선시키는 정보와 관련이 있다. 피드백은 훈련을 더욱 계발함으로써 잘된 것들의 활용을 모색하는 것이다. 그것은 또한 잘 되지 않은 것들의 개선을 모색한다. 훈련이 제도화(institutionalized)되면 될수록 실행중의 피드백을 모색하거나 사용하지 않는다. 비공식과 무형식 구조의 훈련은 대개 후에 그리고 즉시 실행중의 피드백을 훈련을 개선하기 위해서 사용한다. 거주하는 시설에 통해 운영되는 공식적인 훈련프로그램은 대개 많은 제약 속에서 운영되기 때문에 실행중의 피드백을 얻지 못하거나 설령 얻는다 할지라도 그것을 개선시키는 상황에 적용시킬 수 없다. 실행중의 피드백을 사용한다는 개념은 어떤 훈련 컨설턴트(consultant)에게도 큰 도전이 된다.

정 의

실행중의 피드백은 훈련을 개선하기 위한 훈련을 즉시 변화시키기 위하여 훈련속으로 피드백이 되는 진행 중인 훈련에 관한 어떤 정보를 의미한다.

실 례

기숙하는 상황에서의 공식적인 수업에서, 교수가 하는 질문들은 실행중의 피드백의 형태이다. 만일 교수가 그가 정보를 전달하지 않겠다고 결정한다면 그는 그가 하고 있는 것을 바꿀 수 있다.

실 례

한 학생이 비공식적으로 선생님과 수업에서의 어떤 활동이 특별하게 의미 있었고 그 학급에 의해 진가를 인정받았다는 것을 나누었다. 그 교수는 수업의 나머지 시간을 더 많은 그와 같은 활동을 하는데 활용 한다

실 례

한 설교자가 그의 교회 성도의 집에 방문한다. 그는 그의 강단 사역의 가장 의미 있는 부분이 되어 왔던 것을 그들에게 나누었다. 그는 잘 듣고 그의 공적 프레젠테이션을 개선키 위한 정보를 활용한다.

실 례

릴리(Lillie)의 대만 연구팀의 훈련 프로그램의 수련생들은 매주 슈퍼바이저에게 보고서를 제출하기 위해 만났다. 이 보고서는 그 수련생들을 교육하기 위한 역동적 반향을 위한 하나의 수단으로 사용될 수 있었다.

실 례

홀랜드의 두 트랙 모델에서, 만약 역동적 반향이 사역활동 안에서 그것의 사용을 적합하게 만들고 입력의 전달을 개선시키기 위해 사용되는 것이라면, 역동적 반향의 개념은 실행중의 피드백의 개념과 함께 일치한다.

1. 당신이 이해하는 실행중의 피드백 개념에 대해서 보여주시오.

 a. 실행중인 피드백이 계속되는 동안 어떤 훈련 역량이 있는 당신이 자신의 훈련을 변화시키기 위해 실행중의 피드백을 활용하는 하나의 개인적인 사례를 제시하시오. 실행중의 피드백의 본질(nature)을 제시하시오. 또한 실행중의 피드백의 관점에서 당신이 무엇을 변화시켰는지를 제시하시오. 그 개선의 결과들을 제시하시오.

 _____

 _____

 _____

 b. 당신이 훈련생으로 있었을 때 당신이 다음과 같은 훈련상황에서 어떤 정보를 피드백 했을 때의 실행중의 피드백의 하나의 사례를 제시하시오.
 (1) 주의하지 않았을 때

 _____

 _____

 _____

 (2) 주의했고 훈련이 개선되었을 때. 피드백의 본질을 제시해 보시오: 그것이 어떻게 주어졌는지, 무엇을 되어졌는지, 그리고 개선의 결과들.

 _____

 _____

 _____

3. 다음의 진술문들을 나에게 반복해보시오. 이 진술들은 실행중의 피드백 지도의 서론에서 당신이 읽은 것이다.

> 훈련이 제도화(institutionalized)되면 될수록 실행중의 피드백을 모색하거나 사용하지 않는다. 비공식과 무형식 구조의 훈련은 일반적으로 후에 그리고 즉시 실행중의 피드백을 훈련을 개선하기 위해서 사용한다. 거주하는 시설에 통해 운영되는 공식적인 훈련프로그램은 일반적으로 많은 제약 속에서 운영되기 때문에 실행중의 피드백을 얻지 못하거나 설령 얻는다 할지라도 그것을 개선시키는 상황에 적용시킬 수 없다.

이 진술들에 관해 당신의 견해는 무엇입니까?

----

4) 실행후의 피드백(Summative Feedback)

아래의 그림은 개정된 시스템 모델이다. 어떤 훈련 프로그램에 있어서, 공식적, 무형식, 혹은 비공식이든지 간에, 그것의 훈련을 평가하는 것은 중요하다. 가장 적절한 측정은 훈련의 마지막 결과물(product)과 관련이 있다. 즉 훈련이 완전히 끝난 후에 훈련자들에게 일어난 것들이다. 훈련 후에 사람이 훈련의 유용성을 지시하는 방식으로 사역 상황에서 운영하는 가? 이것이 실행후의 피드백의 초점이다.

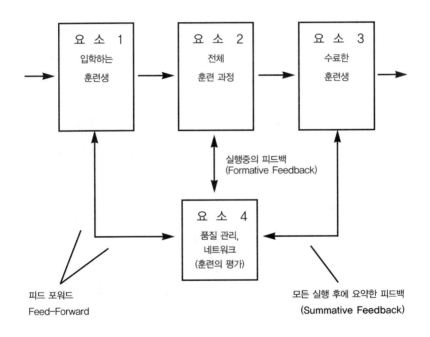

그림 5. 개정된 시스템 모델 (피드 포워드 네트워크를 시험하는)

정 의

  실행후의 피드백은 훈련을 평가하기 위하여 훈련이 끝난 후에 시스템으로 피드백하는 훈련의 결과와 관련된 어떤 정보를 의미한다.

코멘트

  실행후의 피드백은 훈련이 마쳐진 후에 훈련에 관련된 정보이다. 그것은 요약(summary)인데, 훈련이 끝난 후에 훈련의 결과로서 일어난 것들의 합계이다. 이 정보는 프로그램을 마친 사람에게 반드시 유익하지는 않을 것이다. 그러나 그것은 아마 들어오게 될 다음 입학 훈련생들을 위해 프로그램을 개선하는데 도움을 줄 수 있다.

코멘트

  실행후의 피드백은 모든 요소3 분석(즉, 수료한 훈련생 분석)의 질문들에 대해서 고려해야 한다. 그러므로 이것은 훈련을 개선시키는 정보를 찾기 위하여 다음의 질문들을 해야한다.

● 이 훈련의 목적, 목표, 세부목표들은 달성되었는가?

● 영향력의 범주의 계획들은 훈련생들의 필요를 채워주었는가?

● 참가자들을 수렴(Convergence)으로 가는데 도움을 주었는가? 즉, 그들이 '믿음의 분량에 따라서' 더욱더 사역을 잘하기 위하여 역할, 은사, 경험들이 일치하는 가운데 함께 더 나아가는가?

● 실제로. 훈련이 '기대 역할'(Epectancy Roles)의 관점에서 사역수행을 향상시키고 있는가?

● 훈련생들은 '느끼는' 필요(Felt Need), 그리고/혹은 교회의 실제 필요(사회적 혹은 회중적, 또는 모두)를 채우고 있는가?

3가지 도전들

여기 실행후의 피드백에 관련된 3가지 도전들이 있다.

1. 실제로 실행후의 피드백을 얻기 위한 수단들을 세우라.

2. 시스템의 타성에 젖음(inertia)을 극복하라. 사람들은 평가적인 피드백 개념에 의해서 위협을 받을 것이다. 그리고 실제로 그 개념을 반대할 것이다. 그들은 실제로 그들이 하고 있지 않는 것을 아는 위험이 변해야 할 것이라는 것보다 오히려 그들이 어떻게 잘 하고 있는지를 아는 것을 좋아하지 않는다.

3. 실행중의 피드백의 발견들에 기초한 필요한 변화들을 이행하는(imple-ment) 방법을 결정하라.

관심들

실행중의 피드백은 짧은 그리고 넓은 범위의 평가와 관련을 가지게 될 것이고, 존재하는 체계들에 적합하다.

1. 당신이 알고 있는 어떤 훈련 상황에서 생생하게 변화된 실행중의 피드백의 예를 제시해보시오. 피드백의 속성을 제시하시오: 그것이 어떻게 얻어지며, 무엇을 하며, 최종 결과가 무엇인지.

----

2. 실행중의 피드백을 통해서 얻을수 있는 최소한 6가지 방법을 제시하시오.

   a. 공식적으로 기숙하는(residential) 훈련프로그램 중에서:

----

b. 당신이 알고 있는 어떤 무형식 구조의 훈련 시스템 중에서:

----

c. 당신이 알고 있는 어떤 비공식 구조의 훈련 시스템 중에서:

참조N(note)

　당신은 아마도 이러한 질문들에 대답하려고 노력할 때, 무형식이나 비공식의 관점에서 보다 공식 훈련의 관점에서 실행중의 피드백을 생각하는 것이 더 쉽다는 것을 알게 될 것이다. 그 후에 당신은 공식 훈련 시스템보다도 무형식과 비공식 훈련 시스템과 실행중의 피드백을 생각이 쉽다는 것을 알게 될 것이다.

5) 차이 분석 (Discrepancy Analysis)

우리는 개정된 시스템 모델의 각 요소에 대한 관점들에 대해서 논의 해 왔다. 이 관점들은 우리가 훈련 상황에서 보는 것을 평가하도록 돕는다. 홀랜드의 모델은 이 동일한 목적으로 소개되었다.- 즉 훈련 상황의 평가를 반대하기 위한 관점들을 제공하는 것이다. 후에 우리는 다양한 추상적인 훈련모델들을 소개할 것이고, 다시 한 번 그 모델들이 어떤 훈련 상황에서 보여 진 것들을 측정하는 것에 대한 관점을 가지고 소개할 것이다. 이러한 모든 관점들은 차이 분석과 함께 사용될 수 있다. 차이 분석은 어떤 것이 평가되는 것을 반대하는 기준들의 사용이다. 기준으로부터 차이가 기록된다. 부정적 차이는 배제된다. 긍정적 차이들은 프로그램 안에서 향상된다.

정 의

차이(discrepancy)는 평가를 위해 사용된 어떤 기준으로부터 실제 훈련 상황 안에서의 벗어남(deviation) 혹은 차이(difference)이다.

정 의

차이 분석이라 함은 주어진 훈련 상황에서 측정을 위한 기준들을 사용하는 과정들을 말한다.

정 의

M.A.D.는 차이 분석의 형태를 나타내는 하나의 공식을 대표하는 약자/두문자어(acronym)이다. 이 조사 도구(investigative tool)는 조셉 해리스(Joseph Harless) 의해 대중화되었는데 약자는 다음과 같다.

M= 측정 기준으로서 주어진 이상적인 모델(Model)

A= 실제(Actual) 상황의 평가

D= 실제와 모델사이의 차이 혹은 부족(Deficiency)

코멘트

이 기준들은 아마도 위에서 언급된 것이다:

● 훈련의 목적들, 목표들, 세부목표들

● 전반적 평가 모델들

● 훈련 상황과 관련 있는 어떤 요소들

인 용(Quote)

홀랜드는 세계선교대학원의 그의 박사 논문 중에서, 위에서 정의한 M.A.D 평가도구를 포함하는 교육적 이론의 죠셉 해리스의 공헌을 요약하였다.

사람은 문제들을 지속적으로 주목하고 고치려는 시도를 함으로써가 아니라, 가능한 한 이상적 상황-모델이 정말로 무엇인지를 나타냄으로써 차이를 찾아내야 할 필요가 있다. 그 다음 실제 상황을 말한다. 그리고 실제 상황이 이상 모델보다 부족할 때 차이가 보여 진다. 이것은 신학교육에서도 유효한 과정이다.

우리는 주의 깊게 준비된 목표들을 기초로 하고, 이 목표들을 성취하기 위한 하나의 적합한 과정으로 통합하는 모델을 디자인하는 것이 필요하다. 이 모델은 다른 변화하는 환경과 함께 문화에서 문화로 다양화 될 것이다. 이런 평가는 현존하는 신학기관들을 개선할 수 있는 교정적인(corrective) 과정으로 나아가는데 우리에게 큰 도움을 줄 것이다. 신학교육의 목표들보다 수단이나 문제들에 대해 너무 자주 강조하고 있다(1978:25-26).

① M.A.D. 분석 – 최소 훈련 모델[5]을 사용하는 실례

로고스 배(Logos ship)에서 이루어지고 OM선교회(Operation Mobilization)에 의해서 시행된 훈련 프로그램의 로저 아드킨(Roger Adkin)의 분석은 M.A.D 분석을 사용하는 방법에 대한 탁월한 예이다. 아래에 발췌된 그의 논문은 몇 가지의 모델들의 결합으로서 로고스의 훈련을 분석한다. 각각의 모델에 대하여 이상적 추상적 모델은 배에서 사용되는 실제 모델들과 비교되었다. 차이(discrepancy)들은 부족(deficiency)들을 극복하는 것을 돕는 제안들과 함께 지적되었다.

모델	실제	차이	제안들
1. 훈련생들의 잘 규정된 수업	거의 같은 나이의 그룹 그러나 배경에 있어서 매우 다른 사람들	그룹은 많은 면에 있어서 다양하다	실제로 그룹의 다양성을 변화시킬 수 없다. 항상 배(Ship)의 철학은 변치 않는다. 대다수의 이해할 수 있는 범위 안에서 나눔을 추구할 수 있다.
2. 제약들의 인식	시간의 제한 같은 속박들은 기본적으로 인식되었다. 정보는 압도적이지 않다.		
3. 훈련생에 의해 실현될 수 있을 것으로 생각되는 구체적이고 바람직한 기능적 목표들의 동일화	지도(orientation)는 기본적이다. 목표들이 어떻게 구체적인지는 대해선 확신이 없다.	구체적이고 바람직한 기능적 목표들의 동일화의 부족이 있다.	배의 상황에서의 관점에서. 훈련생들을 위한 구체적이고 바람직한 기능적 목표들을 공식화 한다.
4. 훈련생들을 그들이 있는 곳으로부터 기능적 목표들의 성취로 이끌고 제약들에 적합한 훈련을 디자인하는 능력	지도는 그것을 누가하는지에 따라 다양하다. 특별하게 설정된 가이드라인이나 형식이 없다.	능력은 있다. 그러나 이 영역을 생각하는 데 소비한 시간이 얼마인지 확신할 수 없다. 위의 #3에서와 같이 상황의 관점에서 기능적 목표들을 정의할 필요가 있다.	로고스의 새로운 회원들을 위해 문화의 기초적인 원리들과 그것들을 어떻게 이해하는지에 대해 세미나를 갖는다. 다양한 항구들에서 의사소통에 더 자주 참가하게 될 사람들을 잘 갖출 수 있도록 한 프로그램에 더욱 집중한다.

---

5) 다음 장에서 최소 훈련 모델을 소개할 것이다. 여기서는 시간의 제약들과 다른 훈련자/훈련생의 제한들에 의해서 있는 그대로의 최소한의 훈련 모델이라고만 말해두겠다.

② 차이 분석의 피드백

1. 차이 분석이 무엇을 의미하는지를 당신 자신의 말로 설명하라.

_____

_____

_____

_____

2. 내적감사와 외부 감사를 모두 다 추천하는 이유가 무엇인가?

_____

_____

_____

_____

3. 아드킨(Adkin)의 최소 훈련모델의 차이 분석의 예에서, 모델의 어떤 이상이 기본적으로 실제로 보여 진 사실과 일치하는가? 즉 차이가 없는 모델의 이상은 무엇인가?

_____

_____

_____

_____

해 답(Answers)

수업 중 나눌 준비를 하시오. 그리고 다른 사람들로부터 피드백을 얻으시오.

6) 훈련 상황을 변화시키기 위한 윌리엄스의 3가지 제안들

홀랜드(1978:23,24)는 제 3세계의 직접적 변화에 관련된 윌리암스 (F.E. Williams)의 작품을 기술한다. 윌리엄스는 특별히 뉴 기니(New Guinea)의 종족들을 위한 교육에 대해서 그 나라 정부에게 권면한다. 그의 작품은 사람들의 발전과 건전한 삶에 공헌을 했다, 왜냐하면 그는 교육이 파괴적이 아니고 오히려 현대화가 가지고 오는 새로운 갈등 속에서 사람들의 삶을 준비하는데 관심이 있었다. 그의 3가지 제안들은 주목할 가치 있는 것들이다.

단계	기본 개념	설 명
1	유 지	훈련상황은 그 상황에서 시스템이 계속적으로 진행하는데 유익하거나 중요한 것으로 인식되도록 평가되어야 한다. 거기에는 이러한 요소들을 인식하고 그것들을 계속적인 사용을 긍정적으로 강화하는 확연한 노력이 있어야 한다.
2	정 화	훈련상황은 그 상황에서 목적들/목표들과 세부 목표들의 진행을 가로막고 바람직하지 않은 요소들을 인식하도록 평가되어야 한다. 이것들은 가능한 한 비 파괴적인 방법으로 그 훈련으로부터 제거되어야 되어야 한다.
3	확 장	훈련상황은 그 시스템을 더 좋은 훈련상황으로 변화시킬 새로운 요소의 도입이 필요한 곳을 인식하도록 평가되어야 한다. 또한 거기에는 반드시 정화(Expurgation)에 의해 남겨진 공백을 메꾸기 위한 확장이 있어야 한다.

코멘트

어떠한 분석이나, 차이나 그 밖의 무엇을 할 때 윌리엄스의 3가지 주요 개념을 마음속에 기억하라. 시스템의 본질을 유지하는 필요한 요소들, 시스템에 부정적으로 영향을 미치는 요소들, 그리고 시스템을 개선할 수 있는 필요한 요소들을 표시하라.

7) 내부 감사(Internal Audit)　외부 감사(External Audit)

훈련에 참여하는 사람들은 그들의 훈련시스템의 평가를 환영해야 한다. 훈련시스템들은 그 훈련 시스템안의 사람들과 훈련시스템 밖에 있는 사람들에 의해 평가되어야 할 필요가 있다. 모두 다 장점을 제공한다. 시스템의 내부에 있는 사람들은 참가자 관찰자들에게만 오는 통찰력을 가진다. 그리고 시스템밖에 있는 사람들은 시스템 내부에 있는 사람들이 볼 수 없는 사람들이 볼 수 있는 것들을 보고 분리된(detached)된 관점을 가진다. 참가자 관찰자들과 시스템 밖에 있는 사람들에 의해 하나의 시스템을 평가하는 이 두 개념(ideas)은 다음 두 정의의 요점들(thrusts)이다.

정 의

내부 감사는 그 시스템 내부에 있는 어떤 사람(참가자나 훈련자)에 의해서 훈련 시스템을 평가 연구하는 것이다. 이 연구는 아마도 차이분석과 중요한 전반 시스템뿐만 아니라 분석되고 있는 훈련 시스템에 적합한 다른 모델들을 사용할 것이다.

정 의

외부 감사는 그 시스템 외부에 있는 어떤 사람에 의해서 훈련 시스템을 평가 연구하는 것이다. 이 연구는 아마도 차이분석과 중요한 전반 시스템 뿐만 아니라 분석되고 있는 훈련 시스템에 적합한 다른 모델들을 사용할 것이다.

차 이

동일한 시스템에서의 내적감사와 외부 감사는 일반적으로 많은 면에서 다양하다. 두 연구들 간의 각기 차이는 반드시 중요성 때문에 연구되어야 한다. 어떤 것은 개선하는데 도움이 될 것이고, 다른 것들은 단순히 관점들의 차이만을 반영 할 것이다.

실례 : 내부 감사

내부 수업인 리더십 훈련모델론 수업에서 학생으로 있었을 때, 게리 스탠톤(Gerry Stanton)은 래크 애버뉴(Lake Avenue) 회중교회에서의 전도 폭발 훈련에 대한 연구를 했다. 이것은 내부 감사였는데 왜냐하면 훈련 프로그램 자체의 일부분을 맡았던 한 사람에 의해서 연구된 것이었기 때문이었다.

실례 : 외부 감사

래이크 애버뉴 회중교회에서 있었던 전도 폭발 훈련에 대한 디모데 젱(Timothy Jeng)의 연구는 게리 스탠톤에 의해서 행해진 것과 동일한 훈련 프로그램의 외부 감사를 대표한다. 이 두 연구들의 비교는 관점의 차이를 보여준다. 많은 요소들이 비슷한 반면에, 당신은 디모데 젱이 이 프로그램을 그것의 효율성뿐만 아니라 태국(Thailand) 상황(setting)으로 개념들의 가능한 전달을 위해 분석하고 있는 것을 인식할 것이다.

코멘트

만일 당신이 훈련자라면 당신은 내적감사와 외부 감사 모두를 탐구해야 한다.

1. 이 장에서 당신이 개인적으로 발견한 가장 중요한 개념은 무엇입니까?

_____

_____

_____

_____

_____

_____

_____

_____

2. 왜 감사(audit)가 중요한가? 당신은 감사에 참여해 본적이 있는가?(공식적으로 혹은 비공식적으로)

　왜 감사가 중요한지를 짧은 문단으로 설명하시오.

_____

_____

_____

_____

_____

_____

_____

_____

3. 당신은 요소 3에 초점이 맞추어진 어떤 훈련 프로그램을 알고 있는가?
   그 이름을 말하고 설명하시오.

_____

_____

_____

_____

_____

_____

_____

_____

4. 당신은 요소 2에 초점이 맞추어진 어떤 훈련 프로그램을 알고 있는가?
   그 이름을 말하고 설명하시오.

_____

_____

_____

_____

_____

_____

_____

_____

5. 당신은 요소 1에 초점이 맞추어진 어떤 훈련 프로그램을 알고 있는가?
   그 이름을 말하고 설명하시오.

해 답(Answers)

수업 중에 소그룹에서 당신이 나눌 대답들을 준비하십시오.

제3부

세 가지 훈련 모델의 확장
공식,
무형식,
비공식
모델들

6장 세 가지 훈련 모델의 확장

때때로 생각을 분명하게 구별하는 것을 돕기 위하여 '인위적인 범주들'을 사용하는 것이 도움이 된다. 그것은 훈련 모델들의 하위 범주들을 사용하는 경우이다. 실제로 실제적인 훈련은 일반적으로 이 인위적인 범주들에 다리를 놓고 이 모든 범주들 안에 있는 모델들을 사용한다. 그러나 이 인위적인 범주들의 각각에 대한 요점을 확인하는 것은 도움이 된다. 이 인위적인 범주들의 각각은 강점들과 약점을 가지고 있다. 3가지 범주들로 나눔으로써 우리는 훨씬 더 분명하게 강점들과 약점들을 확인할 수 있다. 6장은 이런 하위 범주들을 정의하고자 한다.

코멘트

6장은 각 모델의 개념을 소개하고 공식과 무형식 훈련 유형에 적합한 다양한 훈련 모델들을 제공한다.

목표들

1. 당신은 공식 훈련, 무형식 훈련, 비공식 훈련의 중심 요점을 확인할 수 있어야 한다.
2. 당신은 3가지 형태의 훈련의 강점과 약점을 비교할 수 있어야 한다.
3. 당신은 하위 모델 또는 사례에 대한 설명이 주어지면 공식, 무형식, 비공식 모델의 하위 모델의 주요한 범주들을 분류할 수 있어야 한다.
4. 당신은 홀랜드의 개정된 철길 비유 혹은 개정된 시스템 모델을 사용하여 훈련 프로그램을 분석하거나 디자인하는데 도움으로 사용될 수 있는 다양한 모델들을 소개받게 될 것이다. 이러한 모델들은 독특한 전략 모델들(Unique Strategy Models), 최소한 훈련 모델들

(Minimum Training Models), 조직적 모델들(Organizational Models), 다방면의 무형식 모델들(Miscellaneous Non-Formal Models), 두 가지 범주의 비공식 모델들(Two categories of Informal Models)이 포함된다.

피드백

필자는 이 장에서는 피드백을 하지 않을 것이다. 그러나 토론되는 어떤 모델들에 대해서 토론할 준비를 하시오. 필자는 파워포인트 피드백을 사용할 것이다. 수업중에 그 파워포인트 피드백에 대해서 토론할 준비를 하시오.

02 모 델

1) 세 가지 훈련 모델

인식론을 다루는 이론가들은 과학자들이 모델들을 사용하는 것에 대해서는 때로 말을 하지만 그 모델들의 실행의 가정들과 의미에 대해 거의 고려하지 않는다고 지적한다. 여기에 필자는 어떻게 이론적인 훈련 모델들을 설명하는데 그 모델들의 개념을 사용하는 지를 보여 준다. 모델들은 실제(reality)보다는 인식된 실제(perceived reality)로 규정되어야 하고 그러므로 비판에 열려있다. 실제의 더 좋은 이해를 제안하는데 그 모델들이 유용하다면, 필자는 그것들을 성원하고 사용한다. 그러나 그것들은 한계가 있다는 것을 항상 인식해야 한다.

정 의

이 메뉴얼에서 사용되는 모델이란 다음과 같이 설명된다.

1. 어떤 제한된 실제에 대해 진실 됨을 주장하는 개념 또는 개념들의 세트(set)
2. 실제의 발견을 촉진하기 위한 학생으로 하여금 스스로 발견케 하는 도구로 주장하는 개념 또는 개념들의 세트
3. 하나의 응집된 단위 속에 다소간 관련된 원리들, 가이드라인들, 혹은 제한들의 세트, 그리고 그것은 실제의 비교적 큰 부분을 보기 위한 해석적인 틀로 사용 된다; 또는
4. 하나 이상의 위의 요소들의 조합

코멘트

이론적인 훈련 모델들을 설명할 때 기본적으로 사용된 개념들, 원리들, 가이드라인들은 다음과 같다:

- 서술적인 정의들
- 모델의 설명들의 인식하는 것을 돕는 특징들
- 그들의 본질을 설명하는 본질적인 개념들
- 모델의 불리한 점을 설명하는 개념들, 그리고
- 모델의 역사적인 경향을 설명하는 논평들

M.A.D.

M.A.D. 분석 기술들을 사용할 때, 모순 분석을 하는데 사용되는 것은 위에 열거된 항목들이 될 것이다.

코멘트

이 장에서 소개된 거의 모든 모델들은 열린 모델들이다. (즉, 그들은 인식된 실제를 설명하는데 사용될 수 있는 모든 것을 포함하는 닫힌 시스템을 소개하지 않는다.)

3가지 훈련 모델들- 복습

아래는 세 가지 훈련 유형이다- 각기 중요한 결과는 눈에 띠게 했다. 진하게 쓴 결과를 보시오.

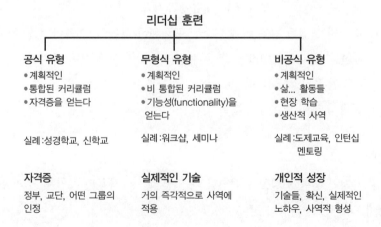

리더십 훈련		
공식 유형	**무형식 유형**	**비공식 유형**
• 계획적인	• 계획적인	• 계획적인
• 통합된 커리큘럼	• 비 통합된 커리큘럼	• 삶... 활동들
• 자격증을 얻는다	• 기능성(functionality)을 얻는다	• 현장 학습
		• 생산적 사역
실례:성경학교, 신학교	실례:워크샵, 세미나	실례:도제교육, 인턴십 멘토링
자격증	**실제적인 기술**	**개인적 성장**
정부, 교단, 어떤 그룹의 인정	거의 즉각적으로 사역에 적용	기술들, 확신, 실제적인 노하우, 사역적 형성

① 공식 훈련 모델과 용어

단연 가장 일반적으로 인식된 훈련은 '공식 훈련 모델'과 관련된 것이다. 그러나 교회사에서 공식 훈련은 19세기 말과 20세기 초에나 대중화된 지각생이다.

정 의

공식적인 훈련 모델들은 학위 또는 다른 인정된 종결 보상(closure incentive)으로 이끄는 프로그램 교육을 제공하기 위해 세워진 기관들에서 일어나는 훈련을 말한다.

실 례

크리스천 대학은 커뮤니케이션 학위를 주는 훈련 프로그램을 제공한다.

실 례

신학교는 목회학 석사학위(M.Div)를 주는 훈련 프로그램을 제공한다. 그런 학위는 때로 교단에서 안수에 필요한 필수조건이다.

실 례

성경대학은 성경교육의 문학 학사학위를 제공하고 선교기관의 성경 필요조건을 충족한다.

13 특징들

대부분의 공식적인 훈련 기관들은 다음의 특징들 중에서 하나 또는 그 이상의 특징을 가지고 있다.

1. 학위 프로그램들
2. 큰 학급들

3. 외부 기관들의 인정

4. 기본적인 철학적인 모델로서 학교 모델을 사용한다.

5. 상류 사회 이동을 향한 디딤돌로 보여 진다.

6. 일반적으로 훈련에 대한 기대되는 사용을 향해 훈련한다.

7. 프로그램에 대한 기능적인 사용이 아니라 프로그램을 위한 요구들의 성취에 대한 강조.

8. 일반적으로 요소-2에 초점을 둔 훈련 프로그램

9. 개인보다는 그룹을 훈련하기 위해 조직된다.

10. 일반적으로 개인화된/비 개인화된 연속선에서 비 개인화된 끝에 위치한다.

11. 가르침/배움 과정에서 초점은 가르침에 대한 것이다.

12. 코스워크(course work)에서 높은 정도의 경쟁이 있다.

13. 가르치는 사람의 주요한 권위의 기반은 법률적인 권위이다.

강 점

- 강한 모집 요소로서 '인정'과 '향상'을 향한 사회적인 힘을 사용한다.

- 최상의 이론적인 연구 시설들을 제공한다.

- 상호작용하는 학자들의 공동체를 제공한다.

- 상호작용을 위한 동기/동료의 공동체를 제공한다.

- 급격한 세계관 변화를 고려하는 훈련에 대한 '집중적인 고립적' 형식를 위한 기회들을 제공한다.

- 미래의 네트워킹 파워 베이스를 위한 대단한 잠재력을 제공한다.

약 점

- 개인들을 위해 초점을 맞춘 성장이 아니다.
- 프로그램들은 각 개인의 학습자의 필요들보다 더 중요하다.
- 이론적인 연구의 기반이 때로, 현재의 필요들에 직접적으로 관련이 없다. (즉, 기관의 존재 이유와 현재의 필요들 사이에 제도적인 지연 (lag)이 있다.
- 실행중(formative)과 실행후(summative)의 피드백으로부터의 변화 압력에 상대적으로 유연하지 못하다.
- 훈련받는 각 학습자마다 많은 재정적인 비용이 요구된다.

공식 훈련 모델에서 사용되는 용어들의 표

용어들	설 명
집중된 공식모델	훈련이 연구, 가르침, 학습, 상호작용 등을 위한 시설들을 제공하는 주요한 위치에서 일어나는 모델. 집중된 모델의 주요한 본질은 학습자들이 훈련의 대부분을 시설에 와서 배워야 한다. 이것을 위한 파워 기반은 학위의 인정이다.
분산된 공식모델	훈련의 대부분이 다양한 연장 기법들을 통하여 학습자의 위치에서 일어나는 모델
기숙 공식모델	공식적인 '기숙' 훈련 프로그램은 학습자들과 교사들의 대부분이 훈련시설이 있는 공동체에서 사는 것을 의미한다. 이 모델은 '공동체 경험적인' 학습의 모든 장점이 있고, 또한 효율적인 모방하기를 제공한다. 공동체 훈련을 위해 세워진 목표가 일반적으로 잘 행해지진 않지만, 기숙 중심 프로그램들은 필요한 훈련의 공동체적인 면을 고려한다. 학교들이 확장됨에 따라, 학습의 기숙 요소들의 원래의 취지가 일반적으로 상실된다. 공동체/기숙 학습 기관으로 시작된 대부분의 학교들은 기숙 센터들 대신에 비 기숙 센터들로 바뀌었다. (기숙사에 많은 사람들이 사는 것은 원래의 기숙 모델의 공동체적인 면을 충족시키지 못한다.)
비기숙 공식모델	주요한 시설 안에서 훈련을 집중하는 공식적인 프로그램이다. 학생들은 그렇게 할 수도 있지만, 반드시 기숙시설에서 생활할 필요는 없다. 학습의 공동체적인 면은 훈련에 부수적인 것이다. 비 기숙 집중 프로그램들은 공동체를 고무하려고 노력하지만 일반적으로 그렇게 되지 않는다.

프로그램화된 교육	학위나 수료증이나 다른 보상으로 이끄는 조직화된 커리큘럼. 조직화된 커리큘럼은 일반적으로 필수 과정과 선택과정을 포함한다. 프로그램의 모든 요구조건이 완결되면 댓가가 수여된다. 프로그램화된 교육의 취지는 일반적으로 (계획적이든 아니든) 프로그램의 완결이지 생활기술과 사역기술의 학습이 아니다.
원격 모델들	비 중앙집중식 모델의 다른 이름. 원격 모델은 지역 분교, 신학연장교육, 미디어 연장교육, 통신과정, 인턴쉽, 등과 같은 모델들을 포함한다. 원격 모델은 훈련이 학습자의 현장에서 일어나는 것을 강조한다. 비 중앙집중식 모델은 훈련이 어떤 집중시설에 관련되거나 연결이 되었다는 것을 강조한다.
열린 대학	학생들이 그들의 지역에서 대학 학위로 이끄는 과정에서 공부할 수 있는 영연방에서 사용되는 모델. 커리큘럼이 '열려있다'; 말하자면 학생에 의한 훨씬 더 많은 선택이 있고 학생들을 위한 선택 요구조건이 훨씬 더 '열려 있다'. 과거에 필수적인 입학 요구조건을 충족하지 못한 학생들이 공부하는 것이 허락되고 그들의 능력이 입증되었다.
신학 연장 교육	(약자로 TEE) 과테말라에서 계발된 비 중앙집중식 모델인데, '분리된 레일 비유' 혹은 '홀랜드 두 트랙 비유'가 의미하는 기본 학습 철학을 따른다.
지역 분교	캠퍼스 과정들이 다른 분교에서 가르쳐지는 많은 신학교에 의해 미국에서 사용되는 비 중앙집중식 모델. 모든 실제적인 목적들을 위해, 그 과정들은 중앙집중식 캠퍼스와 같이 분교(때로 센터로 불리는)에서도 내용과 방법론이 동일하다. 그 학교 모델은 기본적으로 지역 분교이다. 진도는 교수에 의해 계획된다. 학습은 다양하고 시간은 일정하게 유지된다.
미디어 연장 교육	입력을 위해 다양한 미디어의 형태를 사용하는 비 중앙집중식 학습. 기록된 입력을 동반하는 비디오 또는 오디오 카세트가 사용된다. 학생들이 그들 자신의 진도를 정할 수 있다. 그 과정들이 잘 디자인되면, 학습이 일정하게 유지될 수 있고 시간은 다양하게 허용될 수 있다.
통신 연장 교육	입력 미디어와 같은 기록된 형태들만 사용하는 프로그램 또는 과정들. 또 학생들이 진도를 조절할 수 있다. 그 과정이 잘 디자인되면, 학습이 일정하게 유지될 수 있고 시간은 다양하게 허용될 수 있다.
인턴쉽	중앙집중식 시설들에서 시간을 보내는 학생들이 학위 프로그램의 학점을 위해 지역에서 경험적으로 일할 수 있는 프로그램들. 학습은 책임성과 피드백이 관리되는 실제 현장 상황에서 이전의 입력을 적용하는 것을 포함한다.

② 무형식 훈련 모델

아마 서구 사회에서 훈련모델로서 가장 빠르게 확산되고 있는 모델은 무형식 훈련 모델이다. 무형식 훈련 목표들에 그들 자신을 헌신하고 있는 단체들은 성공하고 있다.

정 의

무형식 훈련 모델은 조직되고 프로그램화되지 않는 기능적인 훈련을 말하는데, 그것은 즉시 실제적인 사역 목표들에 적용될 수 있는 그의 최종 결과로서 기술들과 지식을 가지고 있다.

실 례

'전도 폭발'(Evangelism Explosion)은 지역 교회 상황에서 전도 훈련을 위한 조직적인 훈련 프로그램을 제공한다.

실 례

'서치(Search)'는 우정 전도(friendship evangelism)로 알려진 관계 전도를 위한 감성적이고 지식적인 훈련을 소개하는 하루 세미나를 하는 단체이다.

실 례

'스크럼 덴도(Scrum Dendo)'는 라이프 사역단체(LIFE Ministries)와 함께 하는 단 기간 여름 사역자들을 위한 훈련 프로그램의 이름이다. 이 프로그램은 최소 훈련 모델의 철학아래 특별한 2주간 타 문화 훈련을 사용한다.

유형들

무형식 모델들의 4가지 범주들은 다음과 같다: 독특한 전략, 최소 훈련, 조직적인 그리고 다방면에 걸친 훈련.

8가지 특징들

1. 즉시 사역 상황들에 적용될 수 있는 지식적인 정보와 기술 훈련을 강조한다.

2. 모집 노력(recruiting pull)을 위한 생산물의 '유용함'(usefulness)을 의존한다.

3. 일반적으로 수직 지향적이다.(즉, 한 번에 하나의 중요한 학습 영역을 다룬다)

4. 일반적으로 개인들을 위해 재단된 것이 아니라 그룹을 향해 적용된다.

5. 때로 구성요소 3에 초점을 맞춘 훈련이다.

6. 교육/학습 과정의 초점은 학습자에 의한 기능적 사용이다.

7. 학점이 주어지지 않는다--교사의 파워 기반은 영적 권위나 카리스마적인 것이고, 공식훈련 시스템의 법적 권위가 아니다.

8. 때로는 가르치는 지식과 기술이 증명된 카리스마적인 리더에 의해 세워진 단체에 의해 주어진다.

5가지 강점들

1. 주요한 모집 요소로서 크리스천의 기능을 수행하는 내적인 열정을 사용한다.

2. 풀뿌리(grass-roots) 기독교로의 운동을 증가시킨다.

3. 크리스천들의 느끼는 필요(felt needs)를 충족시킨다.

4. 리더의 모든 단계(1-5)를 훈련하는 데에 적용될 수 있다.

5. 매우 유연하다--- 모든 종류의 필요를 충족하는 데 사용될 수 있다.

6가지 약점들

1. 낮은 책임감과 배움에 대한 실행

2. 일반적으로 약한 재정적인 기반

3. 때로는 산출될 수 있는 것보다 많은 약속들

4. 때로는 제한된 지역의 외부에 잘 알려지는 않는다.

5. 통합(integration)이 없거나 오랜 기간의 계발

6. 좀처럼 감사(audit)받지 않는다.

a. 독특한 전략 모델

어떤 훈련 프로그램들은 마음속에 특별한 목표 그룹 그리고/ 또는 특별한 기능적 요구 조건들로 인해 처음부터 디자인된다. 즉, 구성 요소1 또는 구성요소3, 또는 두 가지 모두가 초점이 된다. 훈련의 모든 다른 부분은 초점 안의 구성요소에 종속된다.

정 의

독특한 전략 모델은 잘 정의된 목표들을 완성하기 위해 디자인된 모델이다--일반적으로 개정된 시스템 모델의 구성 요소 3과 관련이 있다. 디자인된 훈련의 모든 것이 이 목표들을 완성한다.

실 례

교회 성장을 원하는 목회자를 위한 일본 교회 성장 연구소의 2년 훈련 프로그램은 원래 구성요소 3의 목표를 위해 디자인된 독특한 전략 모델이다. 그러나 구성요소 1에 대한 강한 제한이 있다.

실 례

대만 조사팀 훈련 프로그램은 구성요소 3의 목표들로 한정된 독특한 훈련 프로그램이다.

실 례

'영향이 있는 진단(Diagnosis With Impact- 교회 성장 상담자 훈련 프로그램)'은 구성요소 3의 목표들에 고도로 초점을 맞춘 독특한 전략 프로그램이다.

실 례

과델루우프(Guadeloupe)를 위한 밀러(Miller)의 분산된 도제 프로그램은 구성요소 3의 목표들에 초점을 맞춘 독특한 전략 프로그램이다.

이 모델의 5가지 본질들
① 구성요소 3의 목표들에 대한 매우 분명한 인식이 필요하다.
② 주의깊은 제한들이 구성요소-3의 목표들을 얻는 최고의 가능성을 확신하기 위하여 구성요소 1에 부과되어야 한다.
③ 구성요소 2가 구성요소 3의 목표들에 도달하기 위하여 주의깊게 디자인되어야 한다.

❹ 일반적으로 커리큘럼 디자인의 전문가일 뿐 아니라 촉진자로 완성된 훈련자들이 필요하다.

❺ 이 모델은 학교 모델이나 계발 모델에 의지하지 않는다. 이것은 독특한 전략 요구조건들을 충족하기 위하여 필요한 것을 절충적하여 사용한다.

뒤 따르는 질문 (Follow-Up Questions)

● 리더십 훈련 방법에서 매우 중요한 어떤 기능들이 필요한가? 기능들 중에 약간을 분리시킴과 독특한 전략 훈련 프로그램을 디자인함으로 그것들이 성취될 수 있는가?

● 나의 문화적인 상황에서, 누가 훈련에 요구되는 어떤 독특한 목표들을 성취할 수 있는 훈련 프로그램을 디자인할 수 있는 전문기술을 가지고 있는가?

b. 최소화 훈련 모델

우리는 우리가 훈련하고 있는 사람들에게 우리가 원하는 모든 훈련을 제공할 수는 거의 없다. 그러나 우리는 주어진 상황을 위해 필요한 최소화 훈련을 확인하고 훈련을 디자인할 수 있다.

정 의

최소화 훈련 모델은 시간의 제약, 학습자의 한계, 상황적인 환경 혹은 그와 같은 것들 하에서 학습자가 어떤 역량을 얻게 하는 최소의 훈련 양을 디자인을 추구하는 훈련에로의 접근이다.

실 례

스크럼 덴도(Scrum Dendo)는 라이프선교회(LIFE Ministries)

에서 미국의 대학생들에게 2주간의 TESEL(Teaching English as a Second Language)훈련 후에, 일본에서 실시하는 10주간의 여름 훈련 프로그램이다. 영어 수업들은 전도를 위해 구심적인 호감(centripetal attraction)으로서 봉사한다.

실 례

온두라스에 있는 죠지 패터슨(George Patterson)의 순종 중심 T.E.E 프로그램은 그 프로그램의 초점이 최소화 훈련 모델 개념을 가지고 있다. 사람들은 최소한의 기술들을 배우고 즉시 다른 사람들에게 그것들을 사용해야 한다. '쇠사슬 같이 연결된 분교' 안에서 다른 사람들에게 최소한의 기술들을 사용하는 영향은 학생- 교사(Student-Teacher)들이 다른 기술들과 정보를 배워야 한다는 것을 요구한다.

필수적인 질문(Essential Question)

이상적인 훈련 상황이 존재하지 않는 학습자들을 위한 특별히 잘 규정된 학급의 훈련의 가능성이 주어진다면, 학습자가 훈련프로그램을 사용하는 데 있어서 측정 가능한 유익이 있기 위한 최소화 훈련은 무엇인가?

모델의 필수요건들(Essentials of the Model)
● 학습자들의 잘 규정된 학급.
● 제한에 대한 인정(시간, 시설, 학습자의 한계, 상황적인 환경, 다른 자원들).
● 학습자에 의해 실현될 수 있는 특별하고 바람직한 기능적인 목표들에 대한 확인.

- 그 제한들을 해결하고 학습자들을 그들이 있는 곳에서부터 기능적인 목표들의 성취에 도달하게 하는 훈련 프로그램을 디자인하는 능력.
- 최상의 것보다 못한 것에 만족하는 능력.

코멘트

나라의 장래가 불확실하기 때문에, 최고 전략가들이(5단계) 최소화 훈련 모델들의 관점에서 생각하는 다수의 나라가 있다.

코멘트

최소 훈련 모델들은 최소 훈련을 수행하기 위한 수단으로서 대부분의 다른 이론적인 훈련 모델들을 사용할 수 있다.

c. 조직적인 모델들

무형식 훈련은 공식적인 훈련 기관의 관할권 밖에서 일반적으로 일어나는 반 조직된 훈련(semi-organized training)을 말한다는 것을 기억하라. 공식기관 훈련은 프로그램을 형성하기에 적합한 통합된 일련의 과정으로 구성된 반면에, 무형식 훈련은 독립적이고 다른 프로그램과는 상당히 다른 목적들을 성취하는 특별화 된 독특한 훈련패키지로 구성된다. 무형식 훈련은 때로 느끼는 필요(felt need)를 충족하는 특별한 기술을 가르치기 위해 세워진 인정된 기관(sodality)과 연계하여 행해진다. 일반적으로 그 기관은 광범위하게 교회에 필요한 특별한 지식 또는 기술들을 배우는 어떤 개인들에 의해 성장한다. 먼저 특별한 기술들에 초점이 있으나, 후에는 그 기관이 사역을 다양화하고 확장시킨다.

정 의

조직적인 무형식 훈련 모델은 어떤 전문적인 분야에서 비 프로그램적 기능 훈련을 제공하기 위해 헌신하고 세워진 기관을 통한 훈련을 말한다.

실 례

전도폭발(Evangelism Explosion)은 코럴 리치 장로교회(Coral Rid -ge Presbyterian Church)의 전도사역으로부터 만들어진 것이다.

실 례

DAWN(Discipling a Whole Nation)는 국가 전도(country eva -ngelism)에 초점을 둔다.

실 례

Search는 관계전도(friendship evangelism)에 대한 워크샵(workshop)인데 하나의 소달리티(sodality)이다.

7가지의 특징들

❶ 일반적으로 기관은 하나님에 대한 어떤 필요한 교훈들을 경험적으로 배운 카리스마적인 사람의 주변에서 성장한다.

❷ 세미나들은 각성(awareness)과 동기부여를 위해 사용된다.

❸ 워크샵은 기술들을 훈련하기 위해 사용된다.

❹ 방법들이 절대적인 것처럼 가르쳐진다. 그러나 때로 방법 뒤에 방법이 아니라 방법이 잘 진행되게 하는 카리스마적인 사람이 있다.

❺ 때로 방법 근저에 있는 역동성은 그것을 잘 할 수 있는 사람에 의해 확인되지 않았다.

⑥ 프로그램은 일반적으로 좀 더 좋은 책임감과 완수를 위한 필요에서 계발한다.

⑦ 일반적으로 1, 2단계와 때로 3단계에 초점을 맞춘다.

4가지의 장점

❶ 조직적인 무형식 훈련 모델은 '기관적인 정체(institutional lag)' 문제를 극복하기에 충분하고 빠르게 성장한다; 즉, 훈련은 과거의 필요가 아니라 현재의 필요를 충족시킨다.

❷ 일반적으로 일을 성취하기 위해 필요한 학습 철학을 수용한다.

❸ 때로 훈련에 있어 종결 의식(sense of closure)을 준다.

❹ 어느 곳에서나 훈련이 시작되고, 비 중앙집중식(decentralized manner)으로 진행한다.

6가지의 약점

❶ 때로 재정적으로 어려움이 있다.

❷ 때로 카리스마적인 사람은 행정적인 기술이 부족하다.

❸ 때로 특별히 세미나와 워크샵에서 최종마무리 (follow-through)가 부족하다.

❹ 점진적인 계발 훈련으로 통합되지 않는다.

❺ 4단계와 5단계에 초점이 맞추어져 있지 않다.

❻ 공식적인 훈련 기구들과 관계를 잘 할 수 없다.

d. 여러 가지 다른 모델들

지금까지 우리는 두 가지 철학적인 무형식 모델, 즉 독특한 전략 모델과 최소화 훈련 모델을 토론했다. 그것들은 공통적으로 어떤 제한에 적합하게 무형식 훈련을 디자인하는 것을 다루고 있다. 또한 우리는 일반적으로 비 중앙집중식 모델인 조직적인 무형식모델을 토론했다. 이것은 필요와 성장 때문에 나타나는 문제이다. 어떤 훈련 프로그램을 디자인하는 것은 사후에 하는 것인데, 어떤 사람의 성공적인 경험의 결과를 가지고 이미 계발된 것을 단지 날카롭게 다듬어 사용하는 것이다. 마지막 범주는 어떤 다른 무형식 모델이 그룹화 될 수 있다는 전제하에서 포괄적인 것이다.

정 의

여러 가지 무형식 모델들은 기능적이고 일반적으로 집중화된 훈련을 말한다.

실 례

선교사들과 다른 사람들이 우선적으로 개인적인 성장을 돕기 위해 주어진 개인적인 연구를 하거나 학술대회, 컨퍼런스, 세미나, 워크샵에 참석하기 위해 가는 리소스 센터(resource centers)들. 코브(Cove)에 있는 빌리 그래함 평신도 훈련 센터(콜롬비아 성경 대학에 의해 운영되는 소달리티)

실 례

리서치 센터는 사람들이 그들의 사역을 할 수 있도록 돕는 특별한 리서치를 하는 데에 관심이 있다. 예를 들면, 홍콩에서 운영되는 중국리서치센터(Chinese Research Center).

실 례

공식적인 학점과 관련 없이 개인에 의해 운영되는 공식적인 도제 또는 인턴십 훈련. 일반적으로 도제 또는 인턴은 훈련을 받기 위해 사부나 감독이 있는 곳에 가야 한다.

실 례

학점을 위해서는 아니지만 공식 훈련기관이 운영하는 목회자 또는 평신도를 위한 연장 교육프로그램들. 성인 교육을 위한 엄청난 문화적 압력 때문에, 점점 더 많은 공식 훈련 기관들이 연장 교육프로그램에 그들 자신을 헌신하고 있다. 때로 이것은 중견 사역자들 위한 아카데믹 프로그램으로 이끄는 과정에서의 첫 번째 발걸음이다.

4가지 특징들

❶ 성장 또는 훈련의 열정은 훈련된 사람 안에서 대개 시작된다.

❷ 책임감은 대개 자신이 주도적으로 한다.

❸ 훈련은 대개 공식 또는 비공식 성장 계약을 따른다.

❹ 훈련이 어떤 장소에 집중된 것을 제외하고는, 조직적인 무형식 훈련모델이 그런 것처럼 때로는 제공되는 강의 과목들이 다양하다.

3가지 장점들

❶ 매우 개인화되었다.

❷ 동기부여는 프로그램의 완성보다 오히려 배움을 향한 것이다.

❸ 필요가 보여 지는 대로 계발한다.

2가지 약점들

❶ 체계적인 모집이 없다.

❷ 본질적으로 임시적이다.

③ 비공식 훈련모델 – 비공식 모델들의 두 가지 범주들

비공식 훈련은 일상적인 생활의 상황에서 일어나는 훈련을 말한다. 비공식훈련은 일상적인 생활이기 때문에, 그것은 때로 훈련으로서 간과된다. 비공식훈련에서 훈련자들이 훈련을 디자인하는데 3중의 문제가 있다: 실제적인 훈련을 규정, 그렇게 규정된 비공식 모델의 신중한 사용 그리고 마지막으로 책임감을 가지고 이 훈련의 형태로 종결하는 것.

정 의

비공식훈련은 훈련 종결을 위한 생활 활동의 신중한 사용을 말한다.

코멘트

훈련 종결은 완성에 대한 의식과 측정할 수 있는 과정을 말한다. 이것은 다음 장에서 더욱 완전하게 정의 될 것이다.

실 례
성경 수업(Bible Class)

실 례
라디오 수업(Radio Class)

실 례
주말 리트릿(Weekend Retreat)

실 례
위원회 회의(Committee Meeting)

실 례
주일 아침예배

실 례

성인 주일학교

실 례

일대일 제자훈련

실 례

개인적인 제자훈련

코멘트

비공식 모델들의 중요한 문제는 어떻게 종결훈련을 위해 생활 활동을 신중히 사용하고 책임감을 일으킬 것인가이다.

7가지 장점들

1. 유용성 – 생활 활동은 항상 계속된다.

2. 개인화될 수 있다.

3. 스스로 시작할 수 있다.

4. 기초적인 입력 방법으로서 관찰 방법을 사용한다.

5. 중요한 경험 모델로서 모방하기를 사용한다.

6. 자원들은 어느 곳에나 있다.

7. 비집중화(decentralized) 또는 집중화(centralized) 할 수 있다.

5가지 약점들

1. 낮은 책임감(low accountability)

2. 낮은 평가(low evaluation)

3. 종결 의식 부족(lacks sense of closure)

4. 사람들의 리더십 선택 과정에 적합하게 조직화되기 어렵다.

5. 사전에 디자인하기 어렵고/ 시간과 필요에 있어서 더욱 특별하다.

비공식 모델들의 2가지 범주들

훈련을 위한 비공식 활동의 신중한 사용의 중요한 문제는 다양한 비공식 모델의 역동성의 확인을 포함한다. 비공식모델들의 분류를 확인하기 어렵다. 모든 비공식 모델들을 기초적인 입력 방법으로 관찰 방법을 사용한다. 모든 것은 학습자의 솔선수범이 요구된다. 어떤 사람들은 분명한 책임감을 갖지 않는다; 어떤 사람들만이 책임감을 자신이 스스로 가진다; 어떤 사람들은 외부 요인에 의해 책임감을 가진다. 현재 필자는 다음의 범주들을 사용하고 있다. 그러나 필자는 더 많은 분류를 가진 범주들을 찾고 있다.

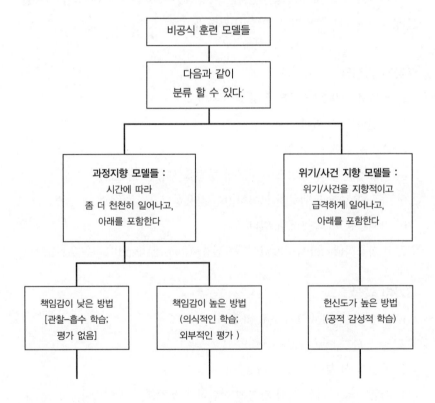

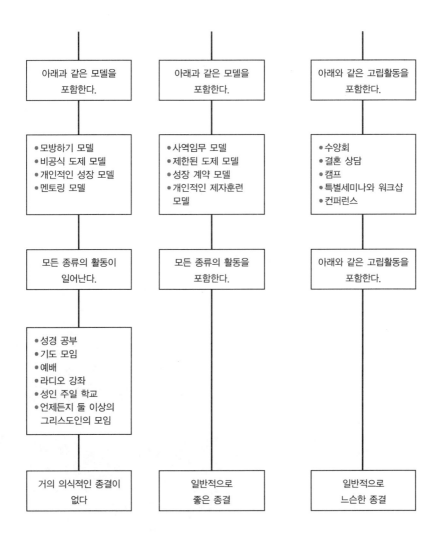

아래과 같은 모델을 포함한다.	아래과 같은 모델을 포함한다.	아래와 같은 고립활동을 포함한다.
• 모방하기 모델 • 비공식 도제 모델 • 개인적인 성장 모델 • 멘토링 모델	• 사역임무 모델 • 제한된 도제 모델 • 성장 계약 모델 • 개인적인 제자훈련 모델	• 수양회 • 결혼 상담 • 캠프 • 특별세미나와 워크샵 • 컨퍼런스
모든 종류의 활동이 일어난다.	모든 종류의 활동을 포함한다.	아래와 같은 고립활동을 포함한다.
• 성경 공부 • 기도 모임 • 예배 • 라디오 강좌 • 성인 주일 학교 • 언제든지 둘 이상의 그리스도인의 모임		
거의 의식적인 종결이 없다	일반적으로 좋은 종결	일반적으로 느슨한 종결

7장 공식 훈련 모델

　이 장은 두 가지 관점에서 공식적 훈련 모델들을 논할 것이다: 그것은 중앙집중식모델들과 원격모델들(훈련에 대한 비 중앙집중식 접근들)이다. 중앙집중식 모델들은 더욱 기숙 접근들(residence approaches)과 비 기숙 접근들(non-residence approaches)로 나눌 것이다. 대부분 지역적인(regional) 리더 그리고 그 이상의 리더들은 중앙집중식 모델들(기숙과 비 기숙 모두)에 익숙하다. 왜냐하면 그들의 대부분은 성경학교나 신학교에서 훈련을 받았기 때문이다. 그러나 아마도 훈련의 기초가 되는 이론적인 원리의 관점에서 성경학교나 신학교를 분석한 사람은 거의 없다.

목 표

1. 당신은 자신의 개인적인 지식을 통해 이 모델의 실례를 찾아 낼 수 있도록 각 모델의 본질적인 것들에 충분히 익숙해 져야 한다.
2. 당신은 주어진 어떤 모델의 실제가 이롭게 사용되는지 아닌지를 인식할 수 있도록 이 모델들의 장점과 단점을 파악하여야 한다.
3. 이 모델들의 어떤 실제나 그들의 조합의 실제를 분류할 수 있어야 한다.

1) 중앙집중식 모델

① 기숙 성경 학교 / 성경 대학

데이브 람보(Dave Rambo)는 북 미국 선교사들의 75퍼센트 이상이 성경학교나 성경대학에서 공부하거나 졸업했다고 추정한다. 더욱이 그는 이 모델이 해외에 널리 산재한다는 사실에 대해 우리는 놀라지 않는다고 말한다. 그래서 훈련 상담자는 이 모델을 잘 알아야 하고, 이 모델이 제도화 됨에 따라 이 모델의 강조점이 어떻게 바뀌는지 주목하는 것은 중요하다. 또한 서양이 아닌 성경학교와 성경대학에서 얼마나 선교강조점이 거의 전 적으로 결핍된 것을 주목해야 한다.

정 의

기숙 성경학교는 다음과 같은 훈련 프로그램을 말한다.

● 공동체 형태의 환경에서 학생과 교수가 거주할 수 있는 기숙사 시설을 가진 캠퍼스를 갖는다.

● 최소한의 연구시설을 갖는다.

● 공식적 교과과정을 짜고 가르치는 책임을 가진 한분 이상의 전임교수 를 유지한다.

● 공식적 교과과정을 마치는 학생에게 학위증이나 수료증을 수여한다.

● 일반적으로 성경을 배우는 것에 강한 강조를 한다.

● 일반적으로 전임 기독교 사역자로서 그들의 실제사역에 앞서 젊은이 들을 훈련한다.

● 훈련받은 젊은이들의 교육배경은 다양한데 보통 6학년에서 10학년의

수준이다.

- 일반적으로 3년 또는 그 이하의 기간이 걸린다.

정 의

기숙 성경대학은 다음과 같은 훈련 프로그램을 말한다.

- 학생이 거주할 수 있는 기숙사 시설과 연구를 위한 도서관 시설을 가진 캠퍼스를 갖는다.
- 교과과정을 짜고 가르치는 4-5명의 전임교수를 유지하고 성경대학 사역과 연관된 다양한 학과를 유지한다.
- 공식적 교과과정을 마친 학생에게 학위(공인되거나 안 되는)을 수여한다.
- 일반적으로 성경을 배우는 데 강한 강조점을 두며, 학생을 도량을 넓게 하는 데에 초점을 맞춘 다른 교양학과 과정을 갖게 될 것이다.
- 일반적으로 전임 기독교 사역자로서 그들의 실제 사역에 앞서 젊은이들을 훈련한다.
- 일반적으로 훈련 받은 젊은이들의 교육적 배경은 중등과정 이상 (post-secondary)이다.
- 일반적으로 4년 프로그램이다.

모델의 6가지 본질들(6 Essentials of the Model)

다음은 세계선교대학원(The School of World Mission)에서 1981년 데이브 람보(Dave Rambo)의 교회성장 강의들을 요약한 것이다.

1. 적어도 최소한의 시설들을 갖춘 기숙사
2. 전임 교수

3. 학위나 수료증을 주는 체계화된 공식적 교과과정

4. 풀타임으로 공부할 수 있는 학생들

5. 삶과 사역을 위한 성경공부에 강한 초점을 둠.

6. 일반적으로 학교 모델(The Schooling model)을 사용하는 교육철학

이 모델의 5가지 장점들

1. 비교적 짧은 시간에 사람들을 훈련할 수 있다.

2. 크리스천 공동체를 나타낼 수 있다. 모방 모델은 매우 효과적으로 사용될 수 있다.

3. 한 장소에 연구 시설을 집중 할 수 있다.

4. 교회에 영향을 주는 모든 종류의 비 중앙집중식 프로그램으로부터 중앙집중식 시설을 공급할 수 있다.

5. 사역을 위하여 더 많은 훈련된 일꾼이 필요하다는 인식을 제공할 수 있다.

이 모델의 7가지 단점들

1. 그들의 원래 사역 상태 이상으로 사람들을 훈련할 것이다.(기대와 상태의 관점에서)

2. 때로 현재 교회의 필요에 따라 교과과정을 디자인하기에 충분할 만큼 유연하지 않다.

3. 때로 전체 학생 훈련에 비용이 많이 든다.

4. 때로 실제로 효과적인 사역으로 마치는 졸업생들이 거의 없다.

5. 주로 지적으로 1단계와 2단계의 훈련을 한다.

6. 역동적인 반응은 최소한이다.

7. 훈련하는 인원은 효과적인 공동체가 될 수 있는 시설과 재정과 인원에 의하여 제한을 받는다.

코멘트

　원래 성경학교와 성경대학 운동은 선교를 위해 사람들을 훈련하는데 관심이 있었다. 그리고 무디의 'Gap Men'의 개념, 즉 보통 사람과 사역자들 사이의 간격(gap)을 채우기 위해 훈련된 사람들에 관심이 있었다. 두 가지 흔한 경향은 성경학교와 성경대학에 관계된 구조적 시간(structure time)에 주목된다.

1. 이러한 성경학교와 성경 대학이 해외에 다시 세워졌을 때, 그것들은 그들의 선교 강조점을 거의 항상 잃어 버렸다. 즉, 그들이 다른 사람들에게 전수하기 위해 최선의 자질을 갖추어져야 한다는 바로 그것을 강조하지 않았기 때문이다.
2. 성경학교와 성경대학들은 항상 '제도적 향상(institutional lift)'의 현상들에 잡혀 있고 그들 본래의 목적 이상으로 향상될 것이다.

효과적인 중간 레벨 훈련을 위해 성경학교 개선을 위한 람보(Rambo)의 6가지 제안들

1. 제도적인 목적의 분명한 진술 쓰기를 줄여라.
　경고: 성경학교의 경우에 학교의 경향이 후원교회의 모든 교육적인 느끼는 필요들(felt-needs)에 맞도록 그 목적을 넓혀야 한다.
2. 교수 계발에 타협 할 수 없는 사명을 유지하라.
3. 사역을 위한 훈련뿐 만 아니라 사역 안에서 훈련을 위한 사명감을 가지라.
4. 신학 기관들의 지역적인 후원을 위한 전략을 세워라.
5. 교회에 봉사하도록 강한 사명감을 고취하라.
6. 교회에 적합한 교육을 형성하도록 자원하는 마음을 가지는 유연성을 유지하라.

② 기숙 신학교

신학교들은 전임 크리스천 사역을 위한 사람들을 훈련하기 위한 훈련 센터이다. 그것들은 대개 우리 시대에 대학졸업 후 훈련을 하고, 주로 사역시작을 위한 사역 전단계의 훈련이다. 신학교들은 종교적 기관들의 인준을 위한 지역 협회들에 의해 정상적으로 인준된 학위들을(2-3년 훈련과 더 높은 단계의 박사과정 훈련) 제공한다. 교수와 학생들이 시설에 살고, 공동체가 훈련을 위해서 필수적인 기숙 신학교는 점차로 보기 어려워지고 있다. 그러나 몇몇의 신학교는 여전히 존재한다.

정 의

기숙 신학교는 복음의 훈련전문적인 사역자를 위한 사역 훈련 프로그램이다. 그것은 전임 사역자들이 교회에서 안수받기 위해 필요한 것들이다.

신학교의 8가지 중요한 특징은 다음과 같다

1. 신학적인 이슈에 학적 연구를 위한 탁월한 자원들을 갖춘 거주 시설.
2. 훈련의 공동체적 측면을 즐기고 근접하게 살 수 있는 학생들과 교수를 위한 시설들.
3. 성경공부를 위한 주석도구와 성경원어에 대한 강조들.
4. 안수를 위한 준비.
5. 신학교에 의해 강조된 전문성을 겸비한 전임 교수진들.
6. 목회학 석사(M.Div. 또는 동등 학위)로 불리는 학위를 위한 고도의 공식적 교과 과정이 요구하는 대개 3년 프로그램.
7. 수강생의 계발을 위한 공동체의 중요성의 이해.
8. 비 거주 신학교보다 더 개인화 되어지는 개인화/비개인화 연속.

대개 신학교들은 소달리티 기능들이나 선교사역보다도 목회/교회사역들을 위한 사람들을 키운다.

코멘트

신학교는 대개 빠르게 제도화 되어가고 있다. 그래서 그 자체 생존에 초점을 맞춘 요소들이 많이 있다. 이것은 대개 그들이 섬기는 일반적인 지지층의 관심보다는 그들 자신의 관심들을 지키려는 결정들을 하는 경향이 있다는 것을 의미한다. 즉 전체적으로 하나님 나라의 선을 위한 다른 소달리티와 모달리티와의 공존적 관계에 있어서 실질적인 시도는 없다.

더 높은 단계의 가능성(Higher Level Potential)

3단계와 4단계의 사역을 위한 대부분 훈련이지만, 신학교들은 가장 높은 리더십 단계(4, 5단계)의 훈련을 위한 자료를 제공한다. 그러나 4단계와 5단계 리더십에 독특하게 맞춰진 계획된 프로그램은 거의 없다.

람보(Rambo)의 인용

람보는 성경학교에 관한 그의 연구와 신학교들이 선교사역을 위해 사람을 훈련하지 않는 높은 단계의 리더십에 관한 논문에 주목해 왔다. 졸업생들의 매우 적은 비율이 해외 선교사역에 헌신한다.

③ 비 거주, 야간 성경학교

많은 남미의 상황에서 작은 교회의 목사들은 교회 일을 하면서 동시에 풀타임(적어도 파트타임)의 세속적인 일을 하고 있다. 이중 직업(bi-vocational)의 목사들은 낮에 훈련은 가능하지 않다. 야간 성경학교는 대안적 훈련을 제공한다.

정 의

야간 성경학교는 평상 근무 시간 후, 야간에 공부하는 프로그램을 제공하는 성경학교 훈련프로그램을 말하는데, 대개 1년 4학기를 임차하여 최소한의 시설을 제공한다.

모델의 8가지 본질들

1. 낮 시간에 일하는 패턴을 가진 도시와 다른 장소에 있는 시설
2. 평상 근무 시간 후의 수업 계획
3. 실용적인 교통 네트워크에 의해 쉽게 접근 가능한 시설
4. 상황들이 사람들로 하여금 더 교육받도록 강요하는 문화적 패턴
5. 교육기술들이 교과과정 선택과 가르치는 기술 둘 다 보다 뛰어난다.
6. 훈련 패턴이 주로 사역 이전 훈련(pre-service)이 아닌 곳에서 가장 잘 적용된다.
7. 교육 철학으로써 학교모델에 기본이다..
8. 보통 수료증을 주는 3년 과정

모델의 8가지 장점들

1. 낮 시간 훈련 프로그램보다 더 많은 사람들을 모은다.
2. 정상 낮 시간에 참석할 수 없는 사람들이 훈련받을 수 있고, 경제적으

로 자신들을 계속 지원 할 수 있다.

3. 사람들은 그들 자신의 문화적 배경 안에서 산다.

4. 비용은 대개 최소이다.

5. 최소의 입학요건들이 보통이기 때문에 신자들의 제사장직을 강조한다.

6. 새로운 1-2단계의 리더들을 위한 비 축출(non-extraction) 모델을 통한 훈련을 하도록 허용한다.

7. 더운 기후에서 잘 적용된다.

8. 지역 목사들도 교수가 될 수 있다.

모델의 9가지 단점들

1. 보통 지식적인 초점에만 집중한다.

2. 매우 적은 영적 형성이 있다.

3. 역동적 반향이 최소이다

4. 시간의 압력은 학생들로 하여금 자신의 과정과 관련된 학과외의 많은 과제들을 수행하도록 하게한다.

5. 학생들은 자주 과다한 과제 때문에 지친다.

6. 최소의 공식 교육 배경을 가진 성인들을 모으는 경향이 있어서 교육적 수준이 낮다.

7. 특히 교수사역에 다른 일이나 사역이 더해진다면 교수들 역시 지친다.

8. 사회에서 이류학교로 비쳐 진다; 낮은 대중적 이미지

9. 많은 사람들이 사명감의 결핍 혹은 다른 압력으로 포기한다.

④ 비 기숙 신학교 분교

비 기숙 신학교 분교는 주로 자원 시설들(The resource facilities)이 공동체를 형성하고 시설에 사는 학생들 혹은 교수에게 중점을 두지 않는다는 점에서 기숙 신학교와는 다르다. 공동체와 같은 것은 훈련 과정의 중요한 부분이 아니다.

정 의

비 기숙 신학교 분교는 복음의 전문적인 사역자의 훈련을 위한 사역적 훈련 프로그램이다. 즉 교회에서 안수를 받고자하는 전임 크리스천 사역자들을 위한 과정이다.

8가지 특징들

일반적으로 비 기숙 신학교 분교 프로그램의 특징들은 다음과 같다.

1. 신학적인 이슈에 학문적 연구를 위한 탁월한 자원들을 가진 거주 시설.
2. 성경 연구를 위한 해석의 도구들과 성경원어를 강조.
3. 안수를 위한 준비.
4. 신학교에 의해 강조된 기술에 전문성을 겸비한 전임 교수진들.
5. 목회학 석사(M.Div. 또는 동등학위)로 불리는 학위를 취득하는 높은 공식적 교과과정의 보통 3년 프로그램.
6. 삶을 위해 필요한 감성적이거나 경험적인 기술들보다 학습의 지적 핵심부분을 강조하는 사역 전단계의 정신적 상태(mentality).
7. 학교모델에 기초한 교육 철학.
8. 교수와 학생 사이의 분리 (관계는 주로 직업적이다 – 선생/학생).

코멘트

비 거주 신학교에서는 학생들이 더 나이가 많고 더 성숙하고 파트타임 (공부 뿐만아니라 가족을 부양하기 위한 많은 일 때문에)이고, 준 사역 중 (quasi-in-service)인 경향이 있다.

코멘트

학생회는 거주 신학교보다 더 커져가는 경향이 있다. 그래서 학급은 그 수가 더 많아지는 경향이 있다. 이것은 학습의 철학적 접근을 더 학교적 접근(schooling approach)이 되도록 강요한다. 그러나 더 큰 학생회는 더 큰 재정을 의미함으로 프로그램이 더욱 다양화된다. 이것은 또한 프로그램의 더 적은 개인화를 의미한다.

코멘트

시설들은 기숙사 ,학생 휴식 시설, 운동장소 등등 보다 학문적인 자원에 헌신될 수 있다.

코멘트

비 거주 신학교 접근은 재산과 땅이 부족한 도시 상황에 더 적합하다. 기숙학교는 공동체 시설을 개발하기 위하여 더 많은 땅을 필요로 하는 경향이 있다.

⑤ 원격 모델들

원격모델들을 생각할 때, 노울레스(Malcolm Knowles)의 네 가지 교육적 경향들을 다시 공부하는 것은 도움이 된다. 필자는 그것들을 다음과 같이 요약한다:

1. 교육의 목적은 사람들을 점차적으로 그들의 학습에서 자발적이 되도록 돕는 것이다.
2. 초점은 가르침부터 배움까지 미친다.
3. 학습은 평생 해야 한다.
4. 교육적 서비스는 그들의 자연적인 학습 환경에서 평생 학습을 제공하기 위해 새로운 전달 시스템을 개발시켜야 한다.

노울레스는 네 번째를 더 자세히 설명한다 - 그것은 교육적 서비스를 개인에게 전달하는 새로운 방법들을 발전시키기 위한 관심이다. 그래서 그들은 시간과 장소가 편리한 대로 그들의 전체 삶 속에서 배울 수 있다. 교육은 더 이상 교육적 기관과 그들 선생들의 독점(monopoly)으로 보여 지지 않는다. 우리는 지금 학습을 위한 자원들은 우리 환경 어디에나 있는 것을 지각한다. 그리고 사람들은 그들의 배움에 있어서 다양한 다른 사람들로부터 도움을 얻을 수 있다. 그러므로 교육의 현대적 과업은 학습의 자원을 가진 학습자를 연결하는 새로운 방법을 찾는 것 중 하나가 된다.

정 의

원격모델은 훈련을 위해 학생들을 어떤 중앙집중식 기관에 가도록 강요하기보다는 기관으로부터 학생들에게까지 훈련을 받을 수 있게 디자인된 전달 시스템을 이용하는 훈련 접근방법을 말한다.

실 례

신학연장교육 (T.E.E.)

실 례

통신교육과정 (correspondence courses)

실 례

풀러 신학교와 연결된 개인적인 원격 학습 프로그램
(Individual Distance Learning connected with the Fuller
Theological Seminary)

실 례

컴퓨터로 지원받는 교육적인 패키지
(computer assisted instructional packages)

실 례

비데오 학습 패키지(video learning packages)

3가지 중요 핵심들

1. 자습하는 학습자는 기관으로부터 멀어진다.
2. 자습을 위해서 고안된 유용한 교육의 패키지를 가진 제도
3. 분배되고 설명되고 평가되어진 자료를 허락하는 분배 시스템.

⑥ 원격 모델 – M.A.G.L.

현재 선교대학원에서 사용하고 있는 하나의 원격모델은 글로벌 리더십 석사(M.A.)과정이다. 이것은 학생들이 사역을 병행하면서 사이버 대학에서 전자적인 방법으로 과정을 밟는 집단 프로그램이다. 그 집단은 3년의 과정동안 두 번을 캠퍼스에 와서 그 전자적 과정의 나머지를 해야 한다.

정 의

글로벌 리더십 석사(M.A.)과정은 인터넷 웹사이트를 통하여 어느 누구도 이 과정을 할 수 있는 사이버 대학에 컴퓨터와 이 메일을 사용하여 학생들이 그들이 있는 장소에서 수업의 대부분을 하는 집단 원격 모델이다.

코멘트

하나의 집단은 그들 자신들이 함께 하나의 과정을 하기 위해 헌신된 사람들의 그룹이다.

장점들

- 학생들은 개인적으로 매주 정기적으로 서로 영향을 주는 교수들로부터 주목을 받는다.
- 자료들이 전자적으로 유용하다. 그래서 언제든지 복습하는데 유용하다.
- 소그룹들로 공동체가 형성된다.
- 학생들은 사역을 하면서 공부할 수 있다.
- 배운 자료들은 즉시 적용될 수 있다.
- 학생들은 사역을 떠나 최소한의 시간으로 인정된 학위를 얻을 수 있다.
- 학생들은 그 과정이 끝난 후에 계속되는 네트워크를 형성할 수 있다.

●학생들은 학습을 위해 컴퓨터를 사용하는데 능숙하게 된다.

단점들

●학생들은 사역에 활동적으로 참여하게 되고, 항상 학습을 위해 적당한 시간을 가질 수 없다.

●사역, 그 자체가 방해가 될 수 있다.

●때때로 세계의 어떤 지역은 유용한 웹사이트나 네트워크의 준비가 안 된 곳이 있다. 전기가 항상 유용하지 않다.

⑦ 공식 훈련 모델에 관한 종합 피드백

1. 왜 훈련 받기를 원하는 대부분의 사람들은 공식 훈련 모델을 훈련의 가장 좋은 방법으로 생각합니까? 설명하십시오.

----

2. 이 장에서 보여준 개념들 중에 어떤 것이 이 시점에 당신 자신의 훈련에 의미가 있습니까? 설명하십시오.

----

3. 왜 당신은 공식 훈련 모델이 세계에서 훈련에 있어 더 작은 영향을 줄 것이라고 생각하십니까?

해 답(Answers)

수업에서 당신의 대답을 준비하십시오.

대부분 지역적인 리더 그리고 그 이상의 리더들은 중앙집중식 모델들에 익숙하다. 왜냐하면 그들의 대부분은 성경학교나 신학교에서 훈련을 받았기 때문이다. 그러나 아마도 훈련의 기초가 되는 이론적인 원리의 관점에서 성경학교나 신학교를 분석한 사람은 거의 없다.

8장 무형식 훈련 모델

01 개론과 목표

제8장은 일반적으로 기능 지향적인 조직적인 훈련 모델들에 대해서 토론한다. 무형식 훈련은 공식 훈련기관들의 관할 밖에서 일반적으로 일어나는 준 조직적인(semi-organized) 훈련을 말한다. 공식적이고 제도화된 훈련프로그램은 모든 것들이 하나의 프로그램을 형성하도록 하는 통합된 일련의 과정들(integrated series)로 구성되어 있는 것과는 달리, 무형식 훈련은 하나의 프로그램의 어떤 다른 부분들과는 상관없는 몇몇 목적들을 성취하거나 또는 그 자체가 전문화되고, 구별된, 독특한 훈련패키지들로 구성되어있다. 무형식 훈련은 필요를 채워 줄 수 있는 어떤 특별한 기술(들)을 가르치고자 하는 공인된 선교기관(sodality)과 연계해서 이루어진다. 무형식의 디자인에 대한 두 가지의 철학적 접근들이 먼저 소개 될 것이다. 그런 다음 무형식 모델들이 두 범주(특별한 목적을 가진 조직들과 함께 결합되거나, 개인 또는 어느 조직에 의해서도 이루어질 수도 있다)아래에서 고찰될 것이다. 또한 제8장은 세미나, 워크샵, 그리고 단기 강습회들, 도제 교육같은 다른 비공식 훈련의 기초를 소개한다.

목표 1

당신은 주어진 모델들의 본질들을 알아야 한다. 그래서 당신은 그것들이 당신의 사역 지역 안에서 혹은 가까이에서 일어날 때 그것들을 규정할 수 있어야 한다.

목표 2

당신은 이러한 모델들의 장점과 단점을 알아야 한다. 그래서 당신이 주어진 실제 모델이 효과적으로 사용되는지 아닌지 인식할 수 있어야 한다.

목표 3

당신은 사역현장에서 어느 무형식 모델 또는 모델들의 조합(combination)에 의해 채워지는 필요들을 인식할 수 있어야 한다. 그리고 사용될 수 있는 무형식 모델들을 제안할 수 있어야한다.

목표 4

주어진 어떤 무형식 훈련사역에서, 당신은 무형식 훈련에서 사용되어지는 모델 또는 모델들의 조합을 규정(identify)할 수 있어야 한다.

목표 5

당신은 두 가지의 철학적 디자인 모델들의 본질들을 인식할 수 있어야 한다. 그리고 당신이 창작한 훈련모델 디자인 안에서 그것들로부터 나온 생각들(ideas)을 적용할 수 있어야 한다.

1) 두 가지의 철학적인 접근

우리는 이전에, 훈련모델들의 세 가지 범주에 대한 개관에서, (1)최소 훈련모델과 (2)독특한 전략모델이라는 두 가지 모델을 언급했다. 이 두 모델은 대부분의 무형식 훈련모델들의 중심부에 있다. 그렇기 때문에 우리가 그것들이 정의를 되새기고 그것들이 어떻게 무형식 훈련 디자인에 영향을 끼치는가를 지적하기 위해서 여기에 다시 포함한다.

정 의

최소 훈련모델은 시간의 제약, 학습자의 한계, 상황적 정황, 또는 그와 같은 것들 아래에서 학습자의 기능이 어떤 역량에 이르도록 하는 훈련의 최소 양을 디자인(design)하는 것을 추구하는 훈련의 접근 방법이다.

정 의

독특한 전략모델은 일반적으로 클린턴의 개정된 시스템모델의 요소3[6]과 연관되어진 잘 규정된 목표들을 성취하도록 디자인된 모델이다. 디자인 안의 모든 것은 이러한 목표들과 통합도어 있다.

코멘트

대부분의 무형식 훈련 모델들은 훈련을 종결하는 기간이 비교적 짧은 기간을 필요로 한다. 그렇기 때문에 이러한 디자인들은 최소 훈련모델의 본질들을 사용함에 있어서 주의 깊게 분석되는 것이 필요하다.

---

6) 수료생.

많은 무형식 훈련모델들은 잘 규정된 기술들을 수행할 수 있는 수료생들을 배출하는데 중점을 두고 있다. 잘 규정된 기술들을 위한 훈련은 독특한 전략모델의 본질들을 포함하고 있다.

이러한 모델들이 무형식 디자인에 영향을 주는 4가지 방법들

1. 두 모델 모두 무형식 디자이너들이 훈련 종결 기술들에 초점을 두도록 한다.
2. 최소 훈련모델은 과정 시간 경영(course-time management)의 개념에 초점을 두도록 한다.
3. 독특한 전략모델은 책임에 대한 초점을 두도록 한다.
4. 독특한 전략모델은 훈련의 요소2를 요소 3의 목표들에 종속시키도록 한다.

03 조직적인 훈련 모델

1) 컨퍼런스, 회의, 학술대회

많은 무형식 훈련모델들은 일반적으로 컨퍼런스, 회의, 학술대회의 3가지 중에 하나로 구성된다. 일반적으로 이러한 활동들은 우선 훈련의 모델들로서 보여 지지 않고 주요 행사들 또는 특별한 사건들로 보여 진다. 그러나 만일 의도적으로 계획되었다면, 그들은 높은 단계 리더십을 위한 훈련으로서 사용될 수 있다. 이것들은 각각 디자이너들이 각각의 장점과 단점을 마음속에 간직하도록 한다면 유용하고 생산적인 훈련이 될 수 있다.

정 의

학술대회는 다음과 같은 큰 그룹의 자문회의인데, 전 세계적인 어떤 과제들의 연합과/또는 공인된 업적를 기념할 목적으로

- 일반적으로 4단계[7](국가적 범위의 영향력)와 5단계[8](국제적 범위의 영향력)의 리더들의 회의이다.
- 일반적으로 전 세계적인 대표들이다.
- 일반적으로 수적으로 수천 명이 모인다.
- 일반적으로 워크샵, 세미나, 연구논문, 그리고 본회의 연설과 같은 활동들을 포함하고 있다.
- 일반적으로 연속적인 위원회들의 네트워크가 형성된다.

---

7) regional / national leader.

8) international leader.

정 의

컨퍼런스는 다음과 같은 큰 그룹 회의인데, 연합적인 목적, 정보의 보급 등의 목적으로

- 일반적으로 4단계와 뛰어난 3단계 리더들이 참석한다.

- 일반적으로 큰 국가 또는 지역의 대표들이 참석한다.

- 일반적으로 수백 명의 사람들이 참석한다.

- 일반적으로 워크샵, 세미나, 연구논문의 발표, 그리고 본회의 연설과 같은 활동들을 포함하고 있다.

정 의

회의(convocation)는 일반적으로 종교 단체들로부터 성직자와 평신도 리더들로 구성된 컨퍼런스의 특별한 형태이다.

실 례

1966년 베를린 전도 대회(The Berlin Congress on Evangelism)

실 례

로잔 대회(The Lausanne Congress)

실 례

83년도 암스텔담 대회

코멘트

이러한 큰 그룹 회의들의 세 가지 모두가 높은 단계의 리더들의 훈련을 주요한 목적으로 하고 있지 않다. 그러나 모두가 그러한 훈련을 위해서 탁월한 기회를 제공한다.

코멘트

그룹들이 클수록 활동들이 더욱 더 다양해지고, 적으면 적을수록 훈련에 대한 어떤 조정된 노력이 있게 될 것이다.

코멘트

큰 그룹 회의들의 우선적인 일은 네트워킹 관계들을 촉진하는 것이다 (간접 영향권).

코멘트

주요 갱신 기술(major renewal technique)인 정보 분배의 원리는 이러한 큰 그룹들 안에서 가장 효과적으로 사용될 수 있다.

2) 세미나

세미나들은 무형식 훈련의 대중적인 방법이다. 그것들은 다양한 목적을 위해 폭넓게 사용되어지고 있다. 그것들은 일반적으로 짧은 기간에 이루어지며, 어떤 진정한 필요를 채우려는 사람을 끌어들이며, 거의 어느 장소에서든지 개최될 수 있다.

정 의

세미나는 일반적으로 한 주 이내에 집중적인 학습 기간 안에 전문성을 가지고 있는 한 사람 또는 더 많은 사람들에 의해 제한된 전문적 정보 혹은 기술을 자원자들의 그룹 안에서 하는 것을 말한다.

실 례

올란 헨드릭스(Olan Hendrix's)의 하루 속독 세미나.

실 례

(필리핀에서 사용된) 빌레가스 전도 세미나들(Villegas' Evangelism Seminars).

실 례

론 란드(Ron Rand's)의 평신도 훈련 전도 세미나들(오하이오주 신시내티에 위치한 칼리지 팍 장로교회에서 나온 것을 기초로 한)

7가지의 중요핵심들

1. 일반적으로 댓가를 기꺼이 지불하고자 하며 도움을 찾고 있는 사람.
2. 훈련받게 될 그룹 안의 동일함을 증명할 수 있는 느끼는 필요들(felt needs).

3. 감각적 필요의 영역을 다루는 전문 지식을 가진 사람.

4. 전문 지식을 규격화된 훈련 패키지로 만들 수 있는 능력을 가진 사람

5. 사람들이 훈련이 유용하고 매력이 있다는 것을 깨닫도록 세미나를 홍보할 수 있는 능력을 가진 사람

6. 모든 순서를 코디네이터(조정) 할 수 있는 '체계적인 사람' (details p -erson)

7. 책임을 위한 방법론/ 세미나의 종료이후의 후속조치 '의식고취(awa -reness raising)' 세미나와 다른 세미나를 위한)

장 소

세미나들은 어떤 종류의 장소이건 간에 개최될 수 있다. 교회들, 도시들, 강당들, 학교들 등등

유 익

세미나들은 리더십의 더 높은 단계들을 훈련하기 위한 탁월한 방법론이다.

예방접종(inoculation)

세미나들은 세미나 이후에 어떤 이유나 다른 것에 의해 달성되지 않는 즉, 어떤 문제에 대해 사람들을 순간적으로 고무시키는 것으로 악명 높다. 왜냐하면 변화되지 않은 상황 속에서 학습한 것을 실천하기 위해 필요로 하는 기술들을 세미나들이 제공하지 않기 때문이다 (변화이론에서 이것을 '재입 문제(reentry problem)' 라고 불려진다). 이것은 예방접종 증후군을 생산할 수 있다: "아! 전에 그러한 종류의 세미나들을 시도했고 그것은 소용이 없었어요." 이것은 대부분의 세미나 디자이너들이 위의 중요 핵심들 가운데 7번을 절박하게 필요로 한다. 성취와 실행 전략들은 세미나 디자인과 일치되어져야만 한다.

3) 워크샵

워크 샵은 훈련의 초점이 경험적인 분석에 최우선을 두고 있는 특별한 종류의 세미나이다. 기술을 행할 수 있고 다른 이들로 하여금 그 기술을 실행할 수 있도록 촉진하는 전문가의 주의 깊은 사고(idea)아래에서 사람들이 그것을 행함으로써 어떤 기술을 사용하도록 배운다.

정 의

워크샵은 일반적으로 학습의 집중적인 기간들을 일주일 이내에 자원자 그룹들이 그들 스스로 전문 기술들을 배우는 세미나의 전문적인 형태를 말한다.

실례

교회 성장 워크샵들-- 자료를 수집하고, 도표를 만들고, 자료를 분석하고, 자료를 평가하는 것을 배우고 그리고 그 자료에 근거한 신앙 프로젝트를 계획한다.

실례

다양한 경영 워크샵- 엥스트롬과 데이톤의 '당신의 시간을 관리하라 (Managing Your Time)' 는 워크샵

실례

위클리프 성경 번역 워크샵- 문제되는 본문들과 그 밖의 문제를 해결하려고 컨설턴트들을 만난다.

코멘트

워크샵은 '사부들(masters)' 이 그들의 기술들을 소수보다는 오히려 많은 도제(견습생:apprentices)들 가운데에 분산시키도록 하는 탁월한 방법이다.

코멘트

일련의 워크샵들은 장기간을 목표로, 전체적으로, 주어진 영역에서 무형식 훈련을 형성하는데 사용될 수 있다.

코멘트

워크샵은 어설픈(weak) 체험 프로그램을 보강하기 위한 거주 훈련으로 사용될 수도 있다.

코멘트

워크샵은 4단계와 5단계의 리더들을 훈련하기에 뛰어나다.

모델의 중요핵심들

1. 일반적으로 경험이 있고, 도움을 구하고, 도움에 대한 대가를 지불하고자 하는 사람들의 그룹.
2. 사역에 도움이 되는 입증할 수 있는 기술들.
3. 두 가지 확실히 다른 능력들– 기술들을 행할 수 있고 그것들을 다른 사람에게 나누어 줄 수 있는 사람.
4. 기술을 전달하는 활동에 초점을 두고 경험적으로 디자인을 하는 능력을 가진 사람.
5. 유용한 훈련을 인식하고 그것에 끌리도록 하는 세미나를 시장에 내놓을 수 있는 능력을 가진 사람.
6. 모든 순서를 코디네이터(조정) 할 수 있는 '체계적인 사람'(details person).
7. 일반적으로 기술 워크샵은 책임을 요구하지 않는다.

4) 컨퍼런스, 세미나와 워크샵을 디자인할 때 고려하는 기초적인 가이드 라인

① 훈련 모델 유형과의 조화

일반적으로 세미나나 워크샵은 세 가지의 약점이 있다:

1. 당신은 청중을 잘 알지 못하기 때문에 당신의 입력을 적절히 조절하기 어렵고, 도중에 그것을 바꾸기도 어렵다.
2. 당신은 일반적으로 강의 방식에 제한되어 있다.
3. 당신은 일반적으로 같은 사람을 장기간동안 반복해서 접촉하지 못한다.

그래서 당신은 무엇을 할 수 있을까? 당신은 학습의 영역과 사용되는 훈련 유형(세 가지의 훈련 유형: 공식, 무형식, 비공식)에 맞는 목표를 강조해야 한다.

정 의

공명(resonance)은 훈련 유형을 말할 때, 단순히 훈련 유형 자체의 본성 때문에 학습 영역에서 하나의 훈련 유형 안에서 본래의 장점이 있는 것을 의미한다.

공식 훈련은 지식을 향하여 가장 강하게 공명을 한다. 이것은 주제들을 질서 정연하게 계속적으로 다루게 한다. 이 훈련 유형에서 교수나 교사가 존경을 받는 사람들이면 감동을 준다. 일반적으로 단지 말로만 전달하는 것보다 자료들이 유용할 때 더 효과적인 지식을 전달한다.

무형식 훈련 유형(특히 워크 샵)은 경험적인 학습 영역과 가장 친숙히 공명을 한다. 사람들은 그들이 사용할 수 있는 무엇인가를 가지고 가기를 기대한다.

다음의 무형식 훈련에서 초점이 되는 효과적인 요소들을 적어 보십시오.

② 컨퍼런스, 세미나, 워크샵

필자가 이해하는 대로 컨퍼런스, 세미나와 워크 샵의 정의를 내린다.

정 의

컨퍼런스는 3일에서 6일 정도의 긴 시간 동안 300명에서 수 천명의 많은 사람들이 모임을 말하는 데, 전체모임도 있고, 선택적으로 시리즈 세미나 그룹도 있고, 일회성의 세미나도 있고, 워크 샵의 그룹들도 있는 것이다.

전체모임은 다양한 것들을 포함하고 있는데, 드라마, 춤 같은 예술적인 것, 이름이 잘 알려진 강사들의 주요 강연시간, 통합적인 행사들이 있다.

전체모임에서 당신이 전체 모임의 강사라면, 주어진 전체 강연에서 당신은 신적 만남으로 영향을 준다. 감성적과 의지적인 영역을 강하게 움직여라. 공적인 설교로 종결을 하라. 당신은 기본적으로 한 가지를 해야 한다. 사람들의 삶을 하나님께 헌신하도록 요구하는 시기적절한 입력의 관점에서 하나님을 향하여 움직이도록 하라.

정 의

세미나는 숫자적으로는 다양하지만 매우 작은 그룹으로부터 100여명까지의 그룹 앞에서 한 시간 정도의 프레젠테이션을 말한다.

프레젠테이션은 거의 항상 토의를 위한 약간의 시간을 주는 강의 형식이다. 때로 컨퍼런스는 두 개 또는 세 개의 세미나를 시리즈로 강사를 세워서 한 주제를 다루는데 많은 시간을 갖게 할 수 있다.

한 번의 세미나에서는 세미나가 정서적인 최소한의 인식을 줄 수 밖에 없다는 것을 기억하라. 그래서 다음과 같은 세 가지를 해야 한다.

1) 사람들이 알지 못하는 도움이 되는 어떤 주제의 인지도를 높여라.

2) 사람들이 그 주제들을 원하도록 동기를 부여하라.

3) 자원들을 준비하라(직접적으로 자료들을 접근하게 하거나 간접적으로 다른 워크샵이나 계속적으로 도울 수 있는 다른 단체들)

시리즈로 된 세미나에서는 당신은 더 많은 지식을 줄 수 있다, 왜냐하면 복습과 통합의 노력을 계속하기 때문이다. 그러나 기본적으로 일회 이상의 세미나에서는 위의 세 가지 목표들을 적용한다.

정 의

워크샵은 그것의 직접 목적으로서 사역에 즉각적 사용을 위한 어떤 특별한 정보나 기술을 전달하는 한 번의 세션(session)(때로 연장된 시리즈의 세션)이다.

사람들은 사역에 즉시 사용할 수 있는 어떤 기술을 얻기 위하여 워크샵에 참석 한다. 워크샵은 경험적이고 정서적인 영역에 강한 인상을 준다. 당신은 다음의 세 가지를 해야 한다.

1) 기술 지향적인 지식을 주라 그러면 사람들은 사역에 즉시 사용 할 수 있다.
2) 그 기술을 사용하기 원하도록 동기를 부여하라.
3) 즉각적 적용을 하도록 도전하는 종결을 하라. 워크샵을 마친 후 첫 번째 주안에 사용하지 않은 것들은 아마 영원히 사용되지 않을 것이다.

이 비공식 훈련 유형은 경험적인 영역을 가장 깊이 다루는 데 가장 밀접하게 관 련되어 있다. 이것은 또는 (배울 수 있는 때에) 지각(cognition)에 적합하다. 만약 관계적인 임파워먼트가 계속된다면 정서와 의지는 자연스럽게 흘러나온다.

종 결

당신이 컨퍼런스에 주 강사나 세미나 강사, 혹은 워크샵 진행자로 초청을 받았을 때, 이러한 방법들의 각기 무엇을 하도록 기대되는 것을 성취하기 위하여 확실히 디자인 하라. 주 강사는 일반적으로 종결에 가장 약하다는 것을 조심스럽게 주목하라. 종결을 짓도록 하라. 주 강사는 전체 세션이 삶속의 이정표적 사건이 되기 위해서 삶속에 있는 것을 말하는 기회를 가진다. 세미나 강사들은 그들이 할 수 있는 가장 중요한 것은 관심을 불러 일으키고, 사람들이 더욱 원하도록 동기를 부여하고, 그것을 얻기 위해 어디로 가야 하는지를 말해야 한다는 것을 기억해야 한다. 워크샵 인도자들은 참석자들을 실망시켜서는 안된다. 참석자들이 그들이 사용할 수 있는 무엇을 가지고 가도록 해야 한다.

5) 단기 강습

단기 강습은 일반적으로 2주 이상 9주 이내의 집중훈련 프로그램을 말한다. 2주 이내의 집중 프로그램은 세미나나 집중적인 블록 과정(intensive block courses)으로 분류될 수 있다.

정 의

단기 강습은 일반적으로 2주에서 6주 기간 동안 훈련받는 사람의 집 부근에서 먼 특별한 장소에서 집중적인 훈련을 요구하는 훈련 프로그램의 형태에 주어진 명칭이다.

단기 강습의 7가지 중요 핵심들

1. 훈련받는 사람들 가운데서 중앙에 있는 장소.
2. 훈련의 기간은 일반적으로 훈련받는 사람들이 한가한 계절.
3. 훈련 기간 동안 숙식하는 학생들 그래서 하나의 공동체로서 개발.
4. 교과과정은 필요들에 맞게 다양하게 할 수 있다. 가르침은 일반적으로 모듈(modular)이고, 집중적인 블록 방식을 한다 – 한 번에 한 주제를 다룬다.
5. 교사들은 일반적으로 훈련의 전체 기간 동안 숙식을 한다.
6. 공동체 상황이기 때문에 일반적으로 영적 형성에 초점이 맞추어진다.
7. 장소 때문에, 사역활동은 일반적으로 교사와 학생들 모두에 의해서 행해진다. 이것은 대단히 경험적인 학습을 증진시킨다.

4가지 장점들

1. 문화적 적출(extraction)을 피한다.
2. 학생들은 사용될 수 있는 것보다 더 동화되는 것을 회피한다.

3. 교사들은 일반적으로 숙식하며 학생/교사의 관계들을 보통의 경우보다 더 밀접하게 형성할 수 있다.
4. 강습 모델은 '연장된' 교육의 취지를 허락한다.

2가지 단점들

1. '한가한 계절'에 자유 시간을 갖지 못하는 사람은 일반적으로 4주 이상 계속되는 강습의 장점을 취할 수 없다.
2. 다루어진 자료의 양은 항상 참여한 짧은 시간 때문에 제한 될 것이다.

실 례

멀홀랜드(Kenneth Mulholland)는 라틴 아메리카에 있는 하나님의 성회 교단이 행하는 4달 동안의(위에서 제시된 2-9주보다 오히려 긴)단기 연수를 기술했다. 그 프로그램은 농촌 목회자들이 6년 동안 연 일회 강습에 참석할 것을 요구한다.

코멘트

단기 강습은 원래 낮은 단계의 학문적인 입문 기술들을 가졌지만 사역에 좋은 실천적인 경험을 가진 농촌 지도자를 훈련시키는데 사용되었다.

코멘트

세계 팀은 단기 강습을 수리남에 있는 종족의 내부 일을 하고 있는 장로들을 훈련 시키는데 사용했다.

6) 연장교육

　연장교육은 신학대학원과 성경대학들이 그들의 프로그램을 이미 졸업한 사람들이나 그들 영향권의 네트워크 속에 있는 사람들에게 다가가는 것을 증진시키는 프로그램을 말한다. 목표그룹들은 그들이 현재 직면하고 있는 상황들을 돕는 새로운 지식이나 향상된 기술에 대한 필요를 느끼고 있다. 이 모델은 일반적으로 성경대학이나 신학대학원과 같은 공식기관의 감독아래에서 개설되기 때문에 '공식적인' 것으로 분류할 수 있다. 또한 그것의 많은 프로그램들이 거주 상황으로부터 떨어져 분산되어 있기 때문에 '원거리'로 분류되어질 수 있다. 그러나 연장교육의 개설과목들은 때때로 프로그램 적이지 않아서(예외: 목회학 박사프로그램) 무형식 훈련 모델에 포함되어진다.

정 의

　연장교육은 거주모델들의 자원들 또는 지속적인 사역 상황에서의 무형식 조직적인 모델을 통하여 현재 사역을 하고 있는 (성경대학 또는 신학대학원)졸업자들, 교회 현장의 평신도 리더들을 연관하기를 모색하는 다양한 사역중 훈련 모델들을 말한다.

실 례

　수 년 동안 풀러 신학대학원은 알 젭슨(Al Jeppson)휘하에 로웰 베리(Lowell Berry) 연구소라는 연장교육 프로그램을 운영했다. 그것은 연장교육 사역을 수행하기 위한 4가지 주요한 취지를 활용했다.

　● 기독교 지도자를 위한 국가적인 회의(convocation)를 매년 개최한다.-이것은 교회 생활에 적용된 그리스도의 주권에 대한 일반적인 주

제를 다루고 있는 넓은 연합적인 취지이다. 이 한 주간의 회의는 몇 번의 전체회의에서 최고의 국가적인 강사들을 모신다. 이것은 또한 다른 사람들과 함께 그들의 전문적인 지식을 나누는 몇 명의 저명한 사람들이 몇 개의 작은 시리즈의 세미나같은 세션을 갖는다. 반면에 워크샵은 많이 있다.

● 지역 세미나들: 3-5일간의 모임들; 이것들 중 하나 또는 두 개는 나라 안에서 다양한 지역들에서 매년 개최된다. 주제는 지역의 필요에 근거하게 될 것이고, 지역의 지도자들을 활용하게 될 것이다. 최우선의 취지는 갱신에 둔다.

● 분산된 세미나들: 이것은 나라 전체에서 모두 개최 되며 실제적인 필요에 의한 주제들은 매우 다양한 1-3일간의 세미나들이다.

● 미디어 프로젝트들: 개인적인 성장과 그들의 교회 성장을 위해서 그들이 있는 장소에서 사람들에 의해 사용될 수 있는 자기 학습 자료들을 수반하는 비디오와 오디오 카세트들이다. 예를 들면, 피터 와그너는 비디오 카세트로 교회성장에 대한 기본적인 소개를 한다. 자료들은 자기 학습 패키지로 사용되도록 디자인 되어 있다.

5가지의 중요 핵심들

1. 현재의 사역의 필요를 채워주는 훈련 패키지를 조정하거나 디자인하고 상황을 평가할 수 있는 전문가들의 네트워크와 자원들을 제공하는 거주 센터(residence center)나 무형식 조직.

2. 사역을 효과적으로 하기 위하여 그들의 기술과 지식을 향상시키기를 원하는 사역의 필요들로 의해서 촉구 받고 있는 사람들의 목표 그룹.

3. 계발 모델은 연장교육에 기반을 둔 교육 철학이다.

4. 이러한 특별훈련을 할 수 있는 충분히 부요한 사회이거나 또는 그것을 할 수 있는 할당된 재정계획이 있거나 또는 보조금을 주어야 한다.

5. 분산된 행사들의 수행을 돕기 위해서 재정의 분산된 행정적 기반들 구성 하도록 도울 수 있는 기관이나 조직으로부터 분산된 사람들의 네트워크.

04 무형식 훈련 모델

1) 도제훈련

세상의 많은 사람들은 어떤 직업에 필요한 기술들을 이미 터득한 사람에게 자신들을 부속시킴으로써 평생 직업(life-vocation)을 배운다. 전문가의 주의 깊은 감찰 아래에서 실행하며 배우는(learning-by-doing) 기간 이후에 도제는 필요한 기술들을 실행할 수 있거나 똑같은 기술들을 누군가에게 가르칠 수 있게 된다. 도제훈련의 여러 형태들은 다음과 같이 정의된다. 도제훈련은 공식 또는 무형식 훈련보다 비공식 훈련 모델들 안에서 더 빈번하게 일어난다. 이것은 공식과 무형식 훈련 시간의 압박과 경제적인 압박은 일반적으로 많은 수가 훈련되기를 요구하기 때문이다. 도제훈련은 고도로 개인화 된 훈련이고 많은 수를 쉽게 수용할 수 없다. 그러나 도제훈련의 수정된 형태들은 무형식 훈련에서 점점 더 증가하고 있다. 분산된 도제훈련이 그런 모델이다. 정상적으로 도제훈련은 학습자가 사부(master)의 가까이로 이전하는 것과 어느 기간 동안 사부와 함께 공부하는 것을 의미한다. 그러면 도제는 사부의 사역상황(ministry context)에서 배운다. 그 모델의 다양성은 어떤 훈련 기간 동안 반복 훈련을 위하여 도제의 사역 장소에서 사부가 도제를 가르치는 것을 말한다.

정 의

도제훈련 모델은 사역중 훈련모델을 말하며, 사부라고 불리는 선생이 도제라고 불리는 학습자에게 태도(attitudes), 지식 그리고 기술들을 다음과 같은 것들에 의하여 도제가 바람직한 방법으로 사부에 필적할 때까지 실제적인 사역의 상황 속에서 나누어준다.

• 원하는 태도, 지식, 그리고 기술들의 모델링

- 이러한 것들을 가르치는 것과 설명하는 것

- 도제에 의한 실천을 요구하는 것

- 도제를 평가하는 것 과 수정하는 것

정 의

비공식 도제훈련 모델은 도제훈련의 관계의 일부분을 말한다. 비공식 도제훈련은 비공식 도제가 사부의 정상적인 사역의 상황에서 사부를 관찰하고 모방함으로써 배운다.

실 례

바울/디모데 : 행16:1-5; 딤후 2;2, 3:10,11 과 다른 성경구절들을 보라.

실 례

바울/아굴라/브리스길라: 행 18:1-4,18,19; 결과들 18:24-28을 보라.

실 례

1982년 3-4월호(vol XIX, no.2) 교회 성장 회보(Church Growth Bulletin)에 나온 딕 힐리스(Dick Hillis)의 "그리고 바울을 동행했던..(And there accompanied Paul)"이라는 기사를 보라.

실 례

두크니(Ramdial Dooknie), 세계 팀과 함께 트리니다드 섬의 전도자요 교회개척자는 '선교사와 영혼 구령 교제(Missionary and Soul-Winning Fellowship)' 라는 단체의 제자로서 도제훈련을 통해 그의 기본적인 전도 훈련을 받았다. 그는 효과적으로 다른 사람들을 전도 훈련을 시켰다.

훈련현장(on-location)

일반적으로 도제는 사부의 가까이에서 살고 사부가 일하는 것을 관찰하는데 많은 집중된 시간을 보낸다. 도제에게는 사부로부터 작은 일(기본기술들을 습득하는 것)들이 주어질 것이며, 사부가 소유한 동일한 전체적인 통달에 이르도록 하는 책임이 점점 더 주어질 것이다.

용어들

'사부'와 '도제'라는 용어들이 부정적인 느낌들을 의미하는 것은 결코 아니다. '사부'이라는 용어는 다른 사람에게 전달할 수 있는 어떤 기술들이나 지식을 터득한 사람을 지칭하는데 사용된다. '도제'라는 말은 단순하게 어떤 중요한 기술들 또는 지식을 알고 있는 다른 사람으로부터 배우고자 하는 사람을 의미한다.

사부(master)을 위한 3가지 적용들

1. 사부는 어떤 사역기술들에서 인정받는 전문가이어야 한다. 그것은, 그/그녀는 어떤 기독교인의 역할을 수행하는 것에서나 또는 어떤 은사들을 효과적으로 사용하는데 숙달되어있다.

2. 사부는 자기가 배운 것을 다른 사람에게 전수할 수 있는 능력이 있어서 그들 역시 사부가 하는 것을 할 수 있거나 사부와 같은 삶을 살 수 있어야 한다.

3. 사부는 모방, 양육, 성숙한 접근(maturity appeal), 책임-설득, 아버지와 같은 리더십 스타일에 숙달되어 있어야 한다.

도제(apprentice)를 위한 2가지 적용들

1. 사부의 사역의 통달은 어떤 은사들을 요청하게 된다. 그래서 도제는 그러한 은사들을 가지고 있어야 한다.

2. 도제는 훈련기간 동안 사부에게 기꺼이 복종해야 한다.

도제모델의 6가지 중요핵심들

1. 경험에 의해 다른 사람에게 전해줄 수 있는 가치 있는 것들을 소유한 사부.

2. 입문단계에서 통달단계까지 도제를 이끌기 위해서 전체 기술들에 까지 이끌어 갈 수 있는 한 단계 한 단계(step by step)의 방법론을 볼 수 있는 사부.

3. 원하는 기술을 배우는데 필요한 능력을 소유한 도제

4. 도제훈련 기간 동안 사부에게 기꺼이 복종하고자 하는 도제

5. 충분한 시간이 함께 있어서 도제는 사부가 기술들을 본 보이는 것을 볼 수 있고, 사부의 가르침을 받을 수 있고, 기술들을 연습할 수 있고 그리고 사부에 의해서 관찰될 수 있어야 한다.

6. 학습자는 훈련이 끝마쳤다고 말할 수 있게 되기 전에 기술들, 태도들, 그리고 지식을 전달할 수 있음을 증명해야 한다.

2가지 적용들

1. 도제들 자신들이 어떤 영역에서 어느 정도의 전문가가 이미 되어있기 때문에, 비록 도제가 영향력의 범위(sphere of influence)의 연속체를 따라 더 나아가서 다른 사람들에게 복종하는 것이 더 어렵다는 것

을 발견할지라도 도제훈련 모델은 영향력의 범위의 연속체에 따라 모든 단계에서 사용될 수 있다.

2. 도제훈련 모델은 '프로그램 단계' 보다는 오히려 '기술단계' 에서 적용될 수 있다. 어떤 상황에서도, 뭔가 잘할 수 있는 것(예를 들면, 방문전도)을 알고 있는 사람은 주어진 기술을 다른 사람에게 가르칠 수 있다.

3가지 중요한 질문들

이 모델을 고려하고 있을 때 당신은 다음과 같은 질문을 물어 보아야 한다.

1. 누가 다른 사람들에게 가치 있는 것이 어떻게 될 수 있고 어떻게 할 수 있는지를 알고 있는가?

2. 한사람이 다른 사람에게 그것을 가르칠 수 있거나 원하는 기술을 전달할 수 있는 전문가와 함께 일할 수 있는 사람이 있는가?

3. 어떻게 '도제들' 이 모집되고 사부와 (순종적인 복종)관계가 될 수 있는가?

2) 인턴쉽

이 모델은 공식훈련 모델들에 포함될 수 있었다, 왜냐하면 신학대학원들의 훈련에 절대 필요한 부분으로서 그들에 의해 사용이 점점 더 증가되었기 때문이다. 그러나 인턴쉽이 교회들과 또한 선교단체들에 의해서 무형식 훈련으로서 사용이 증가되고 있기 때문에 여기에 포함되고 있다.

정 의

인턴쉽 모델은 계속적인 역동적 반향, 사역중 활동(in-service activity), 그리고 영적 형성에 특별히 초점을 두고 실제의 현장 사역경험에서 안내된 훈련을 제공하는 모델을 말한다.

실 례

브래디(Brady)의 목회 인턴쉽 훈련 프로그램을 하는 교회.

실 례

세계 팀의 교회개척 인턴쉽 훈련.

실 례

'영향력과 함께 진단(Diagnosis With Impact)'이란 풀러신학교 교회성장 연구소 프로그램은 교회성장 컨설턴트를 훈련해왔다. 이것은 무형식 훈련으로서 주로 운영되는 분산된 인턴쉽 훈련 프로그램이다.

8가지 중요 핵심들

1. 인턴쉽은 이전에 입력이 주어졌고 지금은 그 입력을 경험적으로 배우고 있는 중이라는 것으로 가정한다. 어떤 입력은 인턴쉽 훈련 동안에 주어지지만 그것은 일반적으로 계속되는 경험적인 학습에 보조적이다.

2. 인턴쉽은 영적 형성, 사역중 활동, 그리고 계속되는 역동적인 반향 속에서 성장을 허락하는 실제 사역 상황 안에 놓여있다.

3. 훈련받는 사람(trainee)을 감독하는 감독자, 사역상황, 그리고 다음과 같은 기술들.

   - 조정(co-ordinating) 기술들
   - 행정기술들
   - 역동적 반향 기술들
   - 멘토링 정신
   - 영적 형성을 격려하는 능력
   - 다중 리더쉽 유형들(multi-leadership styles)
   - 모방 모델링

4. 인턴쉽이 일어나게 될 장소에서의 주최 그룹.

5. 입력, 상호작용과 평가의 전체적인 조절을 하는 사역경험을 위한 체계적 계획.

6. 실행중의(formative)피드백을 수용하고 첫째 역동적인 반응, 둘째 영적 형성, 그리고 셋째 입력에 초점을 맞추는 감독자와 인턴 사이의 정규적 상호작용 시간들.

7. 사역중 활동(예, 시작시간과 끝마침 시간; 정해진 기간)을 위한 한정된 기간.

8. 종결 활동: 주목되는 교훈들과 함께 전체 인턴쉽의 추가된 보고, 논의된 장점들의 영역들(임시적으로 규명된 은사들), 그리고 직면하고 있는 약점들의 영역들. 이러한 보고는 약점들을 보강하고 강점들을 더욱 계발하기 위해 제안된 계획들을 포함하고 있어야 한다.

3) 도제와 인턴쉽 모델들의 비교

아마도 비교되고 대조된 도제와 인턴쉽 모델들의 중요핵심들을 보는 것은 도움이 된다.

도제훈련 모델

훈련받고 있는 사람	훈련을 행하는 사람	훈련자의 기본적 기능들
도제	사부	가까이 지켜보고 있으면서 실천, 본보기. 설명, 그리고 학습자가 실천하도록 허락함으로써 가르치라.

인턴쉽 모델

훈련받고 있는 사람	훈련을 행하는 사람	훈련자의 기본적 기능들
인턴	제한된 인식의 감독자; 그러나 인턴쉽의 학습이 경험적이기 때문에 실제로 학습을 자기 스스로 진행을 한다.	촉진한다; 그/그녀가 배우고 있는 것에 역동적으로 반향하도록 돕는다; 학습을 3가지의 형성: 영적, 사역적 혹은 전략적 형성의 상황가운데 둔다; 멘토로서 유익한 자원에 연결한다.

그 이상의 차이

- 인턴쉽 모델은 공식훈련 모델과 연관하여 사용될 수 있다. 그러나 도제훈련은 일반적으로 공식훈련모델들에 사용되지 않는다.

유사점들

- 둘 모두 비공식 환경(settings)와 무형식 환경에서 사용될 수 있다.
- 둘 모두 현장 교육 훈련을 요구한다.

- 둘 모두 모든 분류법들을 다루며 경험적인 분류법에 강하게 초점을 맞출 수 있다.
- 비록 도제훈련이 사부의 전문성의 계발의 초점이 제한되어 있지만, 둘 모두 계발철학(developmental in philosophy)이다.
- 둘 모두 오늘날 그들이 현재 얻고 있는 것보다 더 많이 사용을 해도 좋은 강력한 모델들이다.

중요한 문제

인턴쉽 구성에서 대부분의 감독들은 인턴을 다루는 훈련이 되어 있지 않고, 인턴을 계발하기 보다는 단순히 사용하려는 경향이 있다. 일반적으로 인턴은 상호간에 동의된 것이 아니고 감독이 시키는 일안에서 가라 않거나 스스로 헤엄을 치도록 버려져 있다.

9장 비공식 훈련 모델

비공식 훈련 유형의 모델은 훈련이 바로 일어나는 상황 안에서의 비 계획적인 훈련 사건들이다. 그러나 만약 훈련자가 이러한 종류의 훈련 상황을 인식한다면, 그/그녀는 바람직한 학습의 결과를 위하여 그것들을 이용할 수 있거나 계획적으로 사용하거나 디자인 할 수 있다. 당신은 자주 이런 말을 듣게 될 것이다. "글쎄, 급성장하고 있는 이 교회에는 리더들로서 섬기는 많은 사람들이 있다. 그들은 전혀 훈련을 받지 않은 사람들입니다." 그들이 의미하는 바는 어느 누구도 어떤 기관에서 공식 훈련을 받아 본 적이 없다는 것이다. 이러한 발언은 비공식 훈련의 본래의 큰 능력을 무시한 것이다. 높은 수준의 리더들의 시간선(time lines)을 연구하는데 있어서, 여러분은 공식 훈련이 그들이 리더가 되는 전체의 과정 가운데 적은 한 부분적인 역할만을 했음을 알게 될 것이다. 그들이 사용하는 많은 배운 것들은 주로 비공식적으로 배운 것이다. 이 장의 목적은 비공식 훈련과 그 능력에 대해서 인식하는 것이다. 인식한다는 것은 우리를 분명하게 비공식 훈련을 디자인하고 사용하도록 할 것이다. 기억해야 할 것은, 비공식 훈련은 종결 훈련을 위한 생활의 활동들의 계획적인 사용을 말한다. 또한 훈련 종결은 끝내기(completion)와 측정할 수 있는 과정의 감각(sense)을 말한다. 우리는 비공식 훈련을 효과적으로 만들기 위해서 계획적으로 종결을 하도록 해야 한다. 이 장에서 우리는 먼저 비공식 모델과 두 가지 주요한 범주(category)에 대한 정의를 재검토 할 것이다. 그런 다음 우리는 4개의 저 책무과정 지향적 모델(low-accountability process oriented model)과 4개의 고 책무과정 모델(high-accountability process model)에 대해서 정의할 것이다. 마지막으로, 우리는 위기나 사건 지향적인 모델과 연관된 높은 헌신 방법(high-committment method)의 사용에 대해 토의할 것이다.

목표들

1. 당신은 주어진 모델들의 중요 핵심들을 알아야 한다.

2. 당신은 이 모델들의 강점과 약점을 알아야 한다.

3. 당신은 실제적인 사역의 상황에서, 이 모델들이 전부 결단이 나든 아니든 간에 언제 일어나는지 인식할 수 있어야 한다.

4. 사역의 상황 가운데 누가 이런 모델의 훈련자가 되어야 하는지 인식할 수 있어야 한다.

비공식 훈련은 정상적 삶의 활동의 상황 속에서 일어나는 훈련이다. 이것은 정상적인 삶의 활동과 관련하기 때문에 때로 훈련으로서는 간과된다. 비공식 훈련과 관련된 훈련자를 위한 디자인문제는 세 부분으로 이루어진다.

1) 실제 훈련의 정체성과
2) 비공식 모델의 계획적인 사용이 그렇게 규정되고
3) 마지막으로 책임자를 세우고 이러한 형식의 훈련을 종결한다.

정 의

비공식 훈련은 종결훈련을 위하여 (기초라고 부르는)삶의 활동과 함께 (훈련 수단으로 부르는)비공식 모델의 계획적인 사용을 말한다.

코멘트

종결훈련은 가장 단순한 말로 끝내기와 측정할 수 있는 과정의 감각을 말한다.

기초사례

성경 공부반, 라디오 공부반, 주말 리트릿, 위원회 모임, 주일 아침 예배, 성인 주일학교.

훈련 수단 사례

모방 모델링, 비공식 도제훈련, 개인 성장 모델들, 사역의 과업, 제한된 공식 도제훈련, 성장 계약, 개인적 제자훈련.

코멘트

비공식 모델의 주요 문제는 책무 종결을 이루기 위한 삶의 활동들에 어떻게 훈련 수단들을 계획적으로 적용하느냐 하는 것이다.

8가지 장점들

1. 유용성- 생활 활동은 언제나 계속 된다.

2. 개인화 할 수 있다.

3. 자신이 시작을 주도할 수 있다.

4. 기본 입력 방법론으로서의 관찰을 사용한다.

5. 주요 경험적 모델로서의 모방 모델링을 사용한다.

6. 삶의 활동 안에서 정상적으로 일어나는 단순한 모델들을 사용한다.

7. 자원이 어디에나 있다.

8. 분산화 혹은 집중화 할 수 있다.

5가지 단점

1. 책임감이 낮다.

2. 평가가 저조하다.

3. 종결 감각이 떨어진다.

4. 리더쉽 선택 과정에 있어서 적당한 사람을 정하는데 체계적이지 못하다.

5. 시기와 필요가 더 특별하고 사전에 계획하는 것이 어렵다.

1) 훈련 종결(Closure Training)

공식 훈련은 본질에 있어서 프로그램화한 것으로, 졸업증이나 수료증의 취득같은 종결을 향한 짜 넣은 성향을 가지고 있다. 무형식 훈련은 본질에 있어서 기능적인 것으로, 배운 기능을 향한 훈련 종결을 초래 한다. 그러나 비공식 훈련은 본질에 있어서 생활 활동 지향적인 것으로 훈련종결을 향한 짜 넣은 성향을 지니고 있지 않다. 그것은 일어날 수도, 일어나지 않을 수도 있다. 이러한 이유 때문에 훈련 종결의 어떤 요소들을 알아두는 것이 도움이 된다. 이러한 요소들을 머릿속에 담아 둔다면, 비공식 훈련(특히 멘토링과 인턴쉽)을 만드는데 보다 더 날카롭게 초점을 맞출 수 있고, 공식과 무형식 훈련까지도 더욱 생산적이고 효과적으로 만들 수 있다. 또한 공식 훈련과 비형식 훈련을 디자인하는 훈련자들은 그 다양한 요소들에 주목하여야 한다. 때때로 공식 훈련과 무형식 훈련은 종결을 가정하나 그러나 그것이 계획적으로 일어나기 위해서 그것을 설명하는 계획을 하지 않는다.

정 의

훈련 종결은 학습자가 통합적인 단위의 연구를 끝내는 것을 말한다.

학습자는

1) 인식적 정보와 감성적 가치 변화, 학습한 것을 따르거나 사영하기 위한 의지적 결정과 경험적 기술을 포함한 통일된 입력을 끝내는 심리학적 감각이 있다.

2) 훈련의 역동성의 결과로 한 가지 혹은 더 이상의 내적 가치가 변하였다.

3) 사역에 직접 적용할 수 있는 한 가지 혹은 더 이상의 새로운 시각이 생겼다(관련성의 감각).

4) 자료의 주제를 향한 태도의 접근법이 생겼다.

5) 배우는 과정가운데 하나님의 터치(touch with God) 감각이 생겼다.

그리고 촉진자는 각각의 5가지 요소를 위한 어떤 책임의 수단을 가진다.

코멘트

비공식 훈련에 있어서 촉진자에게 명백한 책임의 수단이 없음에도 불구하고 4번과 5번은 쉽게 일어난다. 그러나 1번은 일반적으로 빠지게 된다. 2번과 3번은 일어날 수도 일어나지 않을 수도 있다.

코멘트

공식 훈련에 있어서 1번은 일반적으로 어느 정도 나타난다. 2번과 5번은 나타날 수 도 있으나 일반적으로 나타나는 것은 아니다. 3번은 일반적으로 성취된 것으로 감지되지 않는다. 4번은 때로 생기지 않을 뿐 아니라 실제로 반대되는 결과이다. 많은 경우에 회피하는 태도가 나타난다.

코멘트

무형식 훈련에서 2번과 3번은 거의 항상 어느 정도에 도달한다. 1번은 비록 종결은 항상 인식적 영역에 미치지 못하지만 일반적으로 정적이고 경험적인 영역에 미친다. 의지적인 것은 가장 착각하기 쉽다. 그리고 그것이 아마 전 생애의 학습에서 가장 중요한 것일지라도 일반적으로 중요한 학습으로 생각하지 않는다. 5번은 자주 성취되나 항상 측정되는 것은 아니다. 4번은 비형식 훈련에서 가장 약한 종결 요소이다.

2) 비공식 과정 모델들의 두 가지 범주

아래의 표를 다시 한 번 검토하라. 필자는 이 범주를 다음의 4가지 저 책무와 4가지 고 책무 모델을 설명하는 데 사용할 것이다.

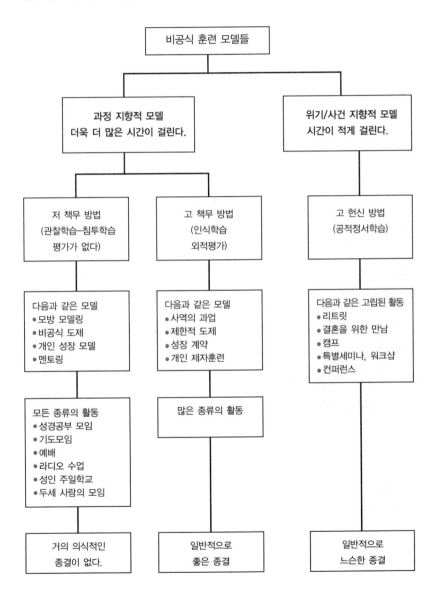

03 모방 모델

1) 저 책무 모델 1과 피드백

유용한 훈련이 있든지 없든지 간에 많은 사람들은 때로 교회 생활 속에서 주님을 섬기기 갈망한다 이런 사람들은 교회 안에서 다른 사람들이 주님을 섬기는 것을 관찰하고 따라할 것이다. 이것은 전도, 권면, 가르침, 섬김, 행정등과 같은 다양한 영적 은사의 사용에 적용한다. 이것은 사도 바울에 의해 사용된 성경의 기본 모델(빌 4:9과 그 외의 많은 성경 본문을 참고)이라는 것을 인식하는 것은 우리를 그것을 사용하도록 자극한다. 이 모델은 모든 리더십의 역할 가운데에 보다 더 의식적으로 사용되어야 한다.

정 의

모방모델은 자기 훈련을 말한다, 일반적으로 지역적인 레벨에서는 훈련받는 사람들이 학습의 자원으로서 교회 안에 있는 역할 모델(role model)을 활용함으로써 자발적인 현장 실습훈련을 하는 것이다.

코멘트

일반적으로 학습은 고도의 비공식 방식이고, 인식된 도제나 인턴쉽이 관여되지 않는다. 역할모델은 때때로 모방 모델이 계속되는 것을 인식하지 못한다.

실 례

칠레 오순절 교단이 통과 시키는 목회자 훈련 단계는 그 중심에는 모방모델을 있다. 일반적으로 현장 실습훈련은 통제된 인턴쉽도 아니며, 도제훈련의 중요핵심들을 따르는 것도 아니다. 그것은 일반적으로 학습자가 보다 높은 단계에서 목회에 앞서가는 사람들을 단순히 관찰함으로 기술과 지식이 얻어지는 곳에서 자기 주도적 훈련이다.

코멘트

현재, 영향력의 범위(sphere of influence)를 따라 많은 높은 단계의 리더쉽 훈련은 비공식 학습 방법론으로 모방 모델을 통하여 성공한다.

3가지 중요 핵심요소들

1. 실제 현장실습 사역훈련 경험에서 자기 주도적 참여.
2. 관찰하고 모방할 수 있는 같은 종류의 사역을 하는 역할모델.
3. 비공식적으로 관찰한 것과 배운 것을 실천하기 위해 사역에 참여하는 자유.

3가지 장점들

1. 모방 모델링은 학습자에게 경험적이고 정서적 학습에 있어서 영향을 주는 가장 강력한 방법 중에 하나이다. 왜냐하면 사역 경험을 위한 동기가 내적인 것에서 나오기 때문이다.
2. 훈련은 어떤 사람의 삶과 사역의 자연적인 결과이다.
3. 무형식 혹은 공식 배경 안에서 정상적으로 배울 수 없는 것을 배울 수 있다.

2가지 단점들

1. 많은 역할 모델들은 좋은 태도와 좋은 습관, 좋은 방법론 뿐만아니라 나쁜 태도와 나쁜 습관, 나쁜 방법론 모두에 의해 영향을 받고 있는 정도를 인식하지 못한다.

2. 모방모델은 지식 학습에 현저하게 약하다. 리더십의 낮은 단계에서 사역을 잘 하고 있는 많은 사람들은 다른 사람에게 설명을 할 수 있을 만큼 모방 모델들이 잘하고 있는 것의 중요핵심들을 모른다.

주 의

다른 사람들에게 영향을 주는 모든 지도자들은 비공식, 모방모델 훈련은 늘 진행되고 있다는 사실을 알아야 한다. 그러므로 하나님 안에서 지도자들은 삶과 사역에서 모방할 가치가 있는 성령이 인도하는 삶을 살고자 노력해야 한다.

도 전

이것은 학습자들의 경험적과 정서적 영역에 영향을 주는 하나의 성경적 모델이다. 이것에 의해 훈련을 받고 있는 사람들의 영적 형성을 깊게하는 하나님이 주신 접근법으로서 의식적으로 계발해야 하는 것이다. 이 모델은 공식 모델, 무형식 모델, 비공식 모델과 결합하여 사용할 수 있다.

성경적 기초

야고보서 3:1, 누가복음 6:40은 우리가 진실로 우리의 삶을 통하여 다른 사람들을 가르쳐야 하고 우리의 영향력에 책임을 져야 한다고 지적하고 있다. 우리는 히브리서 13:7,8에서 배우는 자와 가르치는 자 모두에게 모방 모델링의 전체적인 개념에 대한 강한 권고를 하고 있는 것을 조심스럽게 주목해야 한다. 이 모델의 능력의 원천의 배경이 살아계신 그리스도라는 것에 특히 주목하라.

클린톤의 은사 원리

영적은사에 대한 명백한 공통적인 관찰은 이것이다: 은사를 가진 사람은 은사를 가진 것 같은 사람들의 마음을 끈다. 예를 들어, 가르침의 은사가 있는 사람은 잠재적으로 가르치는 은사를 가진 사람의 마음을 끈다. 복음전도의 은사가 있는 사람은 복음전도의 은사를 지닌 사람들의 마음을 끈다. 그래서 모방 모델의 자연적인 결과는 때로 비공식 관찰에 의해 훈련을 받은 자들 가운데 은사가 계발되는 것이다.

모방 모델링의 피드백

1. 모방 모델링의 어려움 중의 한 가지는 실제로 진행되고 있는지 혹은 이미 끝나 버렸는지를 인식하는 것이다.

　a. 모방 모델링을 통하여 당신에게 어떤 의미 있는 방법으로 분명하게 영향을 끼쳤다는 3가지 역할 모델을 규정하시오.

　첫 번째 사람:_____
　_____

　두 번째 사람:_____
　_____

　세 번째 사람:_____
　_____

b. 모방 모델링으로부터 무엇을 배웠는지 결정하고 분류하시오.

	배운 점	인식적/감성적/경험적
첫 번째 사람		
두 번째 사람		
세 번째 사람		

2. 어떤 방법으로 당신이 다른 사람을 비공식적으로 훈련을 하는데 모방 모델링을 사용하였는지 지적하시오.

----

3. 모방 모델링을 통하여 사람들을 기본적으로 훈련하고 세우는 영향을 끼친 한 사람을 예를 들어서 다른 사람의 삶속에 모방 모델링을 관찰한 것을 보여 주시오. 그에 관한 간단한 소개와 그 사역의 효과에 대해 서술해 보시오.

해 답(Answers)

이 문제에 대해 당신의 생각을 수업 중에 나눌 것을 준비하시오.

2) 저 책무 모델 2와 피드백 (비공식 도제 훈련)

많은 세상 사람들 중에는 어떤 직업의 필요한 기술들을 이미 습득한 사람에게 자신을 부속시킴으로 평생 직업(life-vacation)을 배운다. 전문가의 감시 아래서 행동으로 배우는 일정한 기간이 지난 후, 훈련생들은 또한 그 필요한 기술을 잘 할 수 있게 된다. 먼저, 전적인 도제훈련을 정의하고 나서, 대조적으로 비공식 도제 훈련을 정의하겠다.

정 의

도제 훈련 모델은 실제 사역 가운데에서 아래와 같은 것들에 의해서 사부(master)라고 불리우는 가르치는 자는 태도, 지식과 기술을 도제라고 불리우는 배우는 자에게 전수하는 사역중 훈련 모델을 말하는 데, 도제가 사부를 바람직한 방법으로 모방할 수 있을 때 까지 하는 것이다.

- 원하는 태도, 지식, 기술을 모델링 한다.
- 이러한 것들을 가르치고 설명한다.
- 도제가 연습해 볼 것을 요구한다.
- 도제를 평가하고 수정해 준다.

정 의

계획적인 비공식 도제 훈련 모델은 한 사람(선생)이 기꺼이 다른 사람(도제)에게 특별한 기술을 배우도록 돕는 두 쪽(two parties)간의 관계를 말한다.

정 의

비 계획적인 비공식 도제 훈련 모델은 사부의 정상적인 사역 상황에서 한 쪽(비공식 도제)은 다른 쪽(사부)을 관찰하고 모방함으로써 배우는 부분적인 도제훈련 관계를 말한다.

코멘트

일반적으로 도제는 사부의 근처에서 살면서 많은 집중된 시간동안 사부가 하는 것을 관찰한다. 계획적인 비공식 도제훈련에서 도제는 사부에게서 기본 기술을 습득하기 위해 작은 일들이 주어질 것이고, 사부가 가지고 있는 같은 단계에 이르기 위해 점점 더 많은 책임이 주어질 것이다. 비 계획적인 도제 훈련에서는 도제는 자신이 주도적으로 과업을 하고 사부를 모방할 것이다. 계획적인 비공식 도제훈련에서는 훈련의 종결이 있을 수 있다. 비 계획적인 비공식 도제훈련에서는 훈련의 종결은 확실치 않으며 도제에게만 달려 있다.

실 례

바울과 브리스길라와 아굴라: 사도행전18:1-4,18,19, 결과인 18:24-28을 보시오.

실 례

1982년 3-4월호(vol XIX, no.2) 교회 성장 회보(Church Growth Bulletin)에 나온 딕 힐리스(Dick Hillis)의 "그리고 바울을 동행했던..(And there accompanied Paul)"이라는 기사를 보시오.

1. 미국 세계선교 센터의 랄프 윈터(Ralph Winter) 박사는 훈련을 위해 도제훈련을 사용하는데 극적인 하향곡선의 그래프를 발간하였다. 그 그래프에 따르면 1650년에는 80%의 훈련받는 사역자들이 도제에 의해서만 훈련을 받은(나머지 20%는 학교와 도제에 의해 훈련 받음) 반면에, 1970년까지는 90%가 어떤 도제훈련도 없이 훈련을 받았다.

a. 미국의 도제 훈련에 대해서 보여주는 랄프 윈터 그래프의 하향곡선은 당신에게 무엇을 암시해 주고 있는가?

----

b. 이러한 경향이 당신의 사역 영역에서도 일반적인 사실인가?

----

2. 당신이 도제 모델의 기본적인 개념을 이해한다는 것을 보이시요.

   a. 당신의 경험에 통하여, 당신이 다른 사람을 도제훈련 시켰던 예를
      들어 보시오.(당신의 도제훈련은 매우 비공식적인 것일 수 있기 때
      문에 당신의 사역에 대해 공정하게 생각하기가 어려울 수 있다. 다
      른 사람으로부터 배운 특별한 사역 기술에 대해 생각하는 것에서부
      터 시작하시오.)

      ----

   b. 도제훈련을 통하여 다른 사람을 가르쳐 본 적이 있는 당신의 경험
      에 대한 예를 들어 보시오.

      ----

3. 당신의 사역 상황에서 도제 훈련모델로 사용하기에 잠재력이 있는 좋
은 훈련생들을 적어도 세 사람을 써 보시오.

사　람	그들이 가르칠 수 있는 분야

해 답(Answers)

이 문제에 대해 당신의 생각을 수업 중에 나눌 것을 준비하시오.

3) 저 책무 모델 3 (개인 성장 모델)

성인 학습의 권위자로 알려진 말콤 노울레스(Malcolm Knowles)는 배우고자 하는 성인들의 고유 능력에 대해 지적을 하였다. 삶에서 성숙한 사람은 점점 더 배우려는 큰 역량을 가진 사람으로 된다. 성인학습의 개념 가운데에는 원래 자발적으로 훈련하는 큰 잠재력을 가지고 있다. 훈련자로서 우리는 배우려는 성인들을 위하여 제시해 주고 자원들을 준비해 주는 멘토/촉매자로서 할 수 있는 역할에 대해서 간과해서는 안된다. 만일 우리가 그들에게 배우고자 하는 동기를 부여해 주고 배우고자 하는 자원들을 찾을 수 있도록 도와준다면 많은 사람들이 그들 스스로 배울 수 있다. 성인들은 항상 그들의 비공식 훈련 프로젝트를 디자인 하고 있다.

정 의

개인성장 모델은 성인 학습자가 어떤 것을 배우고자하는 동기가 부여되고, 어떤 특별하고 얻을 수 있는 목표를 통하여 그렇게 하는 성인 학습 프로젝트를 말한다.

실 례

CD로 자동으로 가르치는(auto-didactic) 프로그램을 사용하는 컴퓨터에서 타이핑을 배우는 5학년생.

실 례

기도 습관에 대하여 오래되고 매우 성숙한 크리스천들에게 인터뷰를 하여 기도에 관해 배울 수 있다.

실 례

성경 학습교재의 가르침을 통하여 진도를 나가면서 라디오에서 성경 강의를 들을 수 있다.(우리 어머니는 버논 맥기(J. Vernon McGee)과 함께 5년 동안 성경을 시리즈로 배우는 라디오 프로그램을 통해 성경 전권을 배웠다.)

실 례

읽기 연속체(scan, ransack, browse, pre-read, read, study)를 통해 읽으면서 배움.

4가지 중요 핵심들

1. 어떤 것을 배우고자 원하고 자발적으로 훈련하는 사람.
2. 무엇을 배울 수 있는가의 확인(identification)-배우기 위한 유용한 사람 혹은 자원들을 발견함.
3. 책무감을 갖는 방법을 발견함.
4. 학습에 종결을 가져옴- 전체의 프로젝트가 끝나든 그렇지 않든 간에.

코멘트

아래의 필자의 조직화된 성장 프로젝트의 내 자신의 정의를 내리고 그런 다음에 스티브 무어(Steve Moore)로부터 배운 개략의 계획을 보여 줄 것이다. 필자는 이것을 자신의 삶에서도 다른 사람을 멘토링 할 때에도 사용한다.

① 성장 프로젝트

성인 교육 전문가인 말콤 노울레스는 성장 프로젝트는 성인 학습자들에게 그들의 전 생애동안 계발의 중요한 수단이라고 말했다. 한 개인의 시간선(time-line)을 고려할 때에 성인이 된 후에 공식 교육 기간이 6-7년 미만이고 무형식 훈련 기간이 모두 합쳐서 2년 미만이라는 것을 안다면, 그 사람의 계발의 대부분이 비공식 훈련을 통하여 되었다는 것은 분명하게 보여진다. 아래는 일반적으로 자신이 주도적인 성장 프로젝트의 개념을 정의하는 하나의 시도인데, 이것은 성장 프로젝트를 인식하고 정규적으로 디자인을 계획적으로 사전에 시작하는데 도움이 된다

정 의

성장 프로젝트는 성인 학습자에 의하여 비교적 짧은 시간 안에 성취되고 성취 후에 평가될 수 있는 프로젝트와 함께 개인적인 목표설정이 관련되는 어떤 계획된 학습의 형태를 통하여 그/그녀의 삶의 어떤 영역의 계발에 있어서 진보하고자 하는 시도이다.

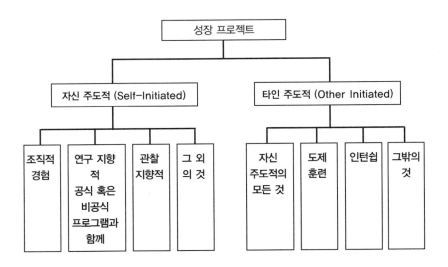

코멘트

성장 프로젝트의 중요한 요소(key element)는 다음과 같다.

1. 배우려는 열정과 무엇을 하려는 충분한 열정
2. 이 학습을 위한 어떤 목표에 헌신과 그것을 일어나게 하는 방법– 특별하면 할 수록 더욱더 쉽게 완성한다.
3. 명시된 시간 안에 할 수 있는 프로젝트
4. 조직적 경험, 연구 지향적, 관찰 지향적, 혹은 어떤 다른 디자인이든지 간에 무엇이든지 학습을 최상으로 일어나게 하는 프로젝트의 디자인
5. 당신이 프로젝트를 실제로 마칠 수 있는 짧은 시간과 당신이 그것을 할 수 있는 충분한 긴 시간
6. 학습의 평가를 마침과 삶속에서의 사용

실 례

훈련을 위한 기록된 자료들을 만들기 위해서 워드 프로세스 프로그램 학습, 자기 교육 자료들을 디자인하는 방법을 배우기 위한 연구, 리더십 교훈들을 배우기 위한 크리스천 전기 읽기.

② 성장 계획의 요약

필자와 풀러 신학교에서 같이 공부한 스티브 무어(Steve Moore)는 성장의 전체적인 개념에 관하여 한권의 책을 저술했다. 다음은 그가 성장 프로젝트를 구성하기 위해서 사용한 계획의 윤곽이다.

1. 성장 영역(Growth Area)

평가 과정을 기초로 한 개선을 위한 특별한 영역.

2. 성장 목표(Growth Goal)

확정 문구(affirmation statement)의 형태로서 내가 추구하는 마지막 결과에 대한 특별한 묘사.

3. 성장 계획(Growth Plan)

이 영역에서 성장을 촉진하는 성장 자산(경험, 사람과 자원)의 특별한 조화.

4. 성장 동역자(Growth Partners)

특별한 사람과 책임감이 내가 이 성장 목표에 초점을 맞추도록 하는 계획을 형성.

5. 성장 점검(Growth Check-up)

내가 이 영역에서 완전 습득을 위한 진척을 측정하는데 사용할 시간 구성(time frame)과 평가 과정.

③ 피드백

1. 필자의 80%의 훈련이 개인성장 모델을 사용한 것을 통해 이루어 졌다고 말하는 것은 지나친 과장이 아니라고 생각한다. 당신이 배운 것의 많은 부분이 이 성장 모델을 직접적이거나 간접적인 사용을 통한 것이 아닌가 하는 생각이 든다. 당신 자신의 삶속에서 이 모델을 사용했던 예를 들어 보시오.

----

2. 당신의 사역영역과 관련하여 아래의 질문에 답을 할 수 있는지 보시오.

   a. 성인들이 일반적으로 당신의 사역영역으로 부터 배우고자 하는 동기 부여가 되어 있는가?

   ----

   b. 성인들은 어떤 종류의 것들을 배우는가?

   ----

c. 그들은 어떤 방식으로 배우는가?

----

d. 크리스천 사역자들 배우고자 하는 열망이 있는가?

----

e. 그들은 자신들의 방법으로 배우는 방법을 발견하였는가?

----

3. 당신의 개인 사역에서 개인성장 모델의 예상되는 결과를 제시하시오.

해 답(Answers)

이 문제에 대해 당신의 생각을 수업 중에 나눌 것을 준비하시오.

4) 저 책무 모델 4

① 멘토링(Mentoring)

비슷한 말: 관계적 임파워먼트(relational empowerment)

개인적으로 600명 이상의 리더들의 리더십 계발의 생애 역사의 사례 연구의 비교 분석은 하나의 중요한 관찰을 보여준다. 거의 모든 사례 연구는 리더의 계발의 하나의 중요한 열쇠는 그들의 인생행로의 결정 적인 시간에 하나님께서 보내준 의미심장한 사람들이다. 이러한 개인 들은 일반적으로 더 나아가 그들의 크리스천 인생 행로에 함께 했고, 그러한 유리한 지위에서 수많은 방법으로 그들의 계발을 위해서 잠재 적인 리더들을 격려했다. 이러한 모든 만남의 공통적인 맥락은 그때에 어떤 필요한 방법으로 젊은 리더에게 능력을 부여(계발하고 /developed, 할 수 있도록 하고/enabled, 필요한 자원들을 제공하고 /provided needed resources)하는 관계적인 경험의 그것이었다. 이 러한 계발을 위한 하나님이 기름 부으신 관계의 개념이 멘토링 개념의 중심에 있는 것이다. 멘토링은 계획성이나 관련된 책임감에 의한 저 책무감(low accountability) 혹은 고 책무감(high accountability) 둘 다 될 수 있다.

정 의

멘토링은 하나의 관계적 과정이다,

● 멘토라는 어떤 것을 알고 있는 사람이,

● 어떤 것(능력 자원들/power resources)을 전수하고,

● 멘토리 라는 다른 사람에게, 민감한 시점에 계발에 영향을 주기 위한 것이다.

실 례

이것의 역사적인 사례는 마가렛 바버(Margaret Barber)가 워치만 니 (Watchman Nee)가 리더십 과도기(leadership transition)와 잠정적인 성장 사역(provisional growth ministry)과 얼마간의 유능한 사역 (competent ministry) 기간 동안에 그의 생애에 개재(intervention)된 경우이다. 그녀의 개재는 경건한 지혜, 미래적 전망, 성경 가르침, 사명감 에 대한 도전과 믿음과 도전의 삶의 모델링으로 구성되어 있었다. 특별한 연구를 위한 집중적인 시간도 있었다. 짧은 기간의 즉흥적인 시간도 있었 다. 상담 시간도 있었다. 워치만 니에게 그녀의 삶의 모습이 있었다. 그녀 의 삶의 모토가 그의 것이 되었다.

실 례

멘토링의 탁월한 사례는 바나바와 바울이 관련된 과정이다.[9] 바나바는 바울을 예루살렘의 크리스천 운동과 안디옥에서 그것의 이방인 지역의 확 장에 연결하는 열쇠였다.

코멘트

능력 자원(power resources)은 지혜, 권면, 정보, 정서적 지원, 보호, 자원들에 연결, 생애 인도, 위치, 사역 철학, 사역 구조 통찰력, 다양한 리 더십 기술, 결정적인 태도, 기본적인 사역 습관, 사역 기회, 하나님의 축복 으로 사역으로부터 해방(release), 하나님의 경험적인 지식, 등.

---

9) 이것의 심층적인 분석은 Barnabas Resources에서 출판된 필자의 저서, *Barnabas, Encouraging Exhorter--A study in Mentoring*을 보시오.

② 멘 토(Mentor)

비슷한 말: 사부(master), 감독(supervisor), 훈계자(preceptor)

멘토들은 다른 사람들이 성장하는 것을 보기를 원하는 특별한 사람들이다. 아래는 우리가 멘토들을 연구하여 배운 관찰들이다.

정 의

멘토는 젊은 리더의 잠재력을 보고 섬기고, 나누어 주고, 격려하는 태도를 가진 사람이고, 그/그녀의 리더십 잠재력을 실현하기 위해서 젊은 리더를 진전시키거나 의미심장하게 영향을 줄 수 있다.

실 례

바나바는 사울과 마가 요한의 멘토였다.

실 례

마가렛 바버는 워치만 니와 몇몇 다른 중요한 중국 리더들의 멘토였다.

실 례

찰스 트럼벌(Charles Trumbull)은 컬럼비아 성경대학의 설립자인 로버트 맥킬킨(Robert McQuilkin)의 중요한 멘토였다.

실 례

찰스 시므온(Charles Simeon)은 헨리 마틴(Henry Martyn)과 많은 다른 성직자들과 선교사들의 멘토였다.

특징들

다음은 멘토들 안에서 관찰된 몇 가지의 특징들이다:

- 한 사람 안에 있는 잠재력을 보는 분별력
- 미숙한 잠재적인 리더십 안에서 자주 보여 지는 실수들, 경솔함, 마찰, 다른 바람직 하지 않은 성품들을 인내하는 관용
- 젊은 리더들에게 시행착오를 범하면서도 배우고 일을 다른 방법으로 도 할 수 있는 여지(room)를 허용하는 유연성
- 큰 그림을 보고 기꺼이 인격이 원숙해 지는 동안 기다리고, 젊은 리더 를 배움에 마음을 여는 지점까지 이끌어 가는 인내
- 젊은 리더를 위해 예견하고 다음의 적합한 단계를 제시하고 가야할 길 을 보는 비전
- 격려하고 동기를 부여하기 위하여 개인들과 관련된 자연적 능력 (natural abilities), 획득한 기술들(acquired skills)과 은사들의 혼 합체(gift-mix)(긍휼, 베품, 권면, 가르침, 믿음, 지혜의 말씀의 격려 은사들 같은)를 포함하는 은사들(giftedness)

코멘트

한 사람이 이러한 특징들의 많은 것을 계발 할 수 있다. 모든 멘토들이 모든 이러한 특징들을 가지고 있는 것은 아니다. 그러나 그것에 기초하여 모든 것은 다른 사람들과 관계를 위한 희망이고 그들을 계발하기 위하여 당신이 가지고 있는 것을 나누어 주기 위한 것이다.

③ 멘토리(Mentoree)

　비슷한 말: 프로테제(protege), 멘티(mentee), 인턴, 도제

관계를 임파워링하는 데 관련된 두 종류의 사람들이 있다. 멘토와 멘토리이다. 멘토는 임파워먼트의 원천(source)이다. 멘토리는 임파워먼트의 수혜자이다. 그 관계의 효과는 멘토리에게 의존하는 만큼 멘토에 의존한다. 특정한 특징들은 임파워먼트의 가능성을 향상시킬 것이다.

정　의

　멘토리는 멘토링 관계 안에서 임파워먼트를 받는 사람이다.

실　례

　바울은 바나바의해 도움을 받은 멘토리였다.

실　례

　마가 요한은 바나바에 의해 도움을 받은 멘토리였다.

실　례

　아볼로는 브리스길라와 아굴라에 의해 도움을 받은 멘토리였다.

실　례

　디모데, 누가와 디도는 사도 바울에 의해 도움을 받은 많은 멘토리 중에 일부였다.

8가지 특징들

우리가 연구한 많은 사례의 멘토리들은 멘토링 관계와 관련하여 많은 특징을 나타내었다. 그것들 가운데 몇 가지는 다음과 같다.

1. 하나님을 섬기고 그에게 쓰임 받으려는 욕구(desire)
2. 주어진 멘토가 그들을 도울 수 있다는 깨달음(sense)
3. 그 관계를 일으키는 데 하나님이 관련하고 있다는 깨달음(sense)
4. 희생하려는 자원함과 그들의 하나님을 섬김과 동행을 위해 어떤 권리도 포기하는 자원함
5. 멘토에 대해 종 같은 마음 자세
6. 멘토가 주는 사역 과업을 수용하려는 자원함
7. 멘토에 대한 존경심
8. 멘토에 의해 주어진 것을 책임지는 자원함

코멘트

그 모든 총괄적인 특징은 성실성이다. 바울은 디모데에게 말하면서, 개인적으로 그 자신을 쏟아 부어야 할 리더십을 선택해야 할 사람의 종류에 대해 설명할 때 이것을 명확히 하였다.

"또 네가 많은 증인 앞에서 내게 들은 바를 충성된 사람들에게 부탁하라 저희가 또 다른 사람들을 가르칠 수 있으리라" (딤후 2:2)

④ 멘토링 개념의 피드백

1. 멘토링의 단순한 정의의 중요한 요소들은 무엇인가?

----

2. 확장된 멘토링 정의의 중요한 요소들은 무엇인가? 그것은 단순한 멘토링 정의에 무엇이 더 해졌는가?

----

3. 당신은 기본적인 멘토링의 특징들 중에 어떤 것을 당신 자신의 삶속에서 보는가? 당신이 긍정적이라고 생각하는 것에는 P, 당신이 함께 일하고 있다고 생각하는 것에는 W, 당신에게 없는 것은 M 이라고 표시를 하시오.

___ a. 한 사람 안에 있는 잠재력을 보는 분별력.

___ b. 미숙한 잠재적인 리더십 안에서 자주 보여 지는 실수들, 경솔함, 마찰, 다른 바랍직 하지 않은 성품들을 인내하는 관용.

___ c. 젊은 리더들에게 시행착오를 범하면서도 배우고 일을 다른 방법으로도 할 수 있는 여지(room)를 허용하는 유연성.

___ d. 큰 그림을 보고 기꺼이 인격이 원숙해 지는 동안 기다리고, 젊은 리더를 배움에 마음을 여는 지점까지 이끌어 가는 인내.

___ e. 젊은 리더를 위해 예견하고 다음의 적합한 단계를 제시하고 가야 할 길을 보는 비전.

___ f. 격려하고 동기를 부여하기 위하여 개인들과 관련된 자연적 능력 (natural abilities), 획득한 기술들(acquired skills)과 은사들의 혼합체(gift-mix)(긍휼, 베풂, 권면, 가르침, 믿음, 지혜의 말씀의 격려 은사들 같은)를 포함하는 은사들(giftedness).

4. 어떤 상황에서 얼마간의 시간동안 당신의 멘토로서 섬겼던 특별한 한 사람을 회상해 보시오. 그 사람의 이름을 말하고 그 사람 안에서 본 멘토의 기본적인 특징을 체크하시오.

___ a. 한 사람 안에 있는 잠재력을 보는 분별력.
___ b. 미숙한 잠재적인 리더십 안에서 자주 보여 지는 실수들, 경솔함, 마찰, 다른 바람직하지 않은 성품들을 인내하는 관용.
___ c. 젊은 리더들에게 시행착오를 범하면서도 배우고 일을 다른 방법으로도 할 수 있는 여지(room)를 허용하는 유연성.
___ d. 큰 그림을 보고 기꺼이 인격이 원숙해 지는 동안 기다리고, 젊은 리더를 배움에 마음을 여는 지점까지 이끌어 가는 인내.
___ e. 젊은 리더를 위해 예견하고 다음의 적합한 단계를 제시하고 가야할 길을 보는 비전.
___ f. 격려하고 동기를 부여하기 위하여 개인들과 관련된 자연적 능력 (natural abilities), 획득한 기술들(acquired skills)과 은사들의 혼합체(gift-mix)(긍휼, 베풂, 권면, 가르침, 믿음, 지혜의 말씀의 격려 은사들 같은)를 포함하는 은사들(giftedness).

1. 필자는 3가지를 본다. (1) 멘토링은 관계적인 경험이다. (2) 한 사람이 다른 사람을 임파워한다. (3) 임파워먼트는 하나님이 주신 자원들을 나눔을 통해서 온다.

2. 필자는 하나의 부가적인 개념의 설명과 함께 같은 3가지를 본다. 그 해명은 멘토와 멘토리의 관계 안에서 그 관계자들을 이름을 명명하는 것과 관련이 있다. 그것은 또한 하나님이 주신 자원들이 무엇인지 이름을 명명하는 것과도 관련이 있다. 마지막으로 그것은 시간의 요소를 첨가한다--멘토는 단번에 그/그녀의 계발을 돕기 위한 준비가 되어있어야 한다.

3. 당신의 선택에 달려있다. 이것은 필자의 답이다. P a., W b., P c., P d., W e., P f.,(필자의 은사는 권면, 가르침, 지혜의 말씀)

4. 필자는 헤롤드(Harold D.)를 생각한다.
   이것들은 필자가 그의 안에서 본 특징들이다: a, e, f,

1) 사역의 과업과 디도의 예

이전의 비공식 훈련에서 새로 출현하는 지도자들은 그들과 연관된 멘토나 사부들, 감독자, 목사, 혹은 다른 지도자들에 의해서 작은 과업이 주어졌었다. 그 과업들은 작거나, 비공식적이거나 공식적일 수 있다. 이러한 과업들은 때로 충성심과 순종, 은사의 사용, 주도권, 더 나아가 유용성의 척도이다. 하나님께서는 누가복음 16:10의 원리를 중요시 여기신다, "지극히 작은 것에 충성된 자는 큰 것에도 충성되고, 지극히 작은 것에 불의한 자는 큰 것에도 불의 하느니라." 사역 과업에 대하여 마음속에 기억해야 할 중요한 것은, 그 사역을 자신이 주도적으로 하였거나 다른 사람들에 의해 지정 받았든지 간에 궁극적으로는 하나님으로부터 온 다는 것이다. 궁극적인 책무감은 하나님께 있다. 새로 출현하는 지도자의 성숙의 표지 중 하나는 이 사실의 인식과 사역 과업 안에서 주님을 기쁘시게 해 드리고자 하는 갈망이다.

정 의

사역 과업은 근본적으로는 사람의 믿음과 순종을 시험하는 하나님으로부터 오는 책무이다. 그러나 때로 종결과 책무와 평가가 있는 과업의 상황에서 사역 은사의 사용을 허용한다.

실 례

바나바가 사도행전 11장에서 안디옥으로 간 여행은 정의 할 수 있고 종결, 또한 책무와 평가가 있었던 사도적 사역의 과업이었다.

실 례

바울이 안디옥에서 멘토 바나바와 함께 사역한 것은 사역과업이었다. 그것은 사도행전 13장에서 바나바와 함께 한 선교과업의 새로운 출발점이 되었다.

실 례

디도는 고린도 교회, 그레데에 한 교회와 대마에 있는 한 교회를 포함하여 다섯 교회에 사역과업이 있었다. 그가 고린도에서 처음 했던 사역 과업은 대결하는 사역 과업이었다. 그것들 모두가운데 그는 바울의 영적 권위를 테스트하는 것이 가장 중요했다. 적어도 유용한 정보의 관점에서 그의 주요 과업은 그레데의 광범위하고 포괄적인 사도적 과업이었다. 비록 어떤 사람은 달마티아에서 그의 마지막 사역과업이 복음적 과업이었다고 추측하고 있지만, 그것에 관하여는 아무것도 알려진 것이 없다.

실 례

현재 사례연구들을 통해서 수많은 사역과업이 확인되어왔고, 평가되어왔다. 리차드 클린턴(Richard Clinton)과 바비 클린턴(Bobby Clinton)의 저서인 『멘토 핸드북(The Mentor Handbook)』을 보시오.

2) 사역과업과 디도의 예

디도에게 외관상으로 몇 가지의 사역 과업이 주어졌었다. 우리는 성경에서 5가지를 확인할 수 있고, 그것들 중에 3가지로부터 교훈을 얻을 수 있다. 그 과업들은 아래에 일람표로 만들어져 있다. 에드몬드 히버트 박사(Dr. Edmond Hiebert)가 첫 번째 3가지를 확인했다. 필자는 바울과 함께한 디도의 사역의 시간적 분석이라고 추측한다.

사역	장소	주요 내용	코멘트
1	고린도	예루살렘 프로젝트를 위한 헌금을 주도함.	고린도 교회는 주도적으로 헌금에 대해 열정적으로 감당하였다. 디도는 분명하게 기지(機智)의 사람이며 설득력의 자질을 갖춘 사람이었다.
2	고린도	징계 처분을 수행하는 책임의 진상을 조사함.	디도는 마음을 다하여 이 과업을 완성하였다. 훈련이 적용되었다. 적어도 어느 정도 명백하게 분쟁의 문제가 해결되었다. 바울은 영적 권위가 문제가 된 고린도후서 2장에서 이런 주요 문제들의 어떤 것도 다루고 있지 않다.
3	고린도	1. 예루살렘 프로젝트를 완성함. 2. 바울의 권위에 대한 충성심을 시험함. 3. 훈련에 관해 돌아봄.	이 결과들이 알려지지 않았다. 그러나 그레데에서의 사도적 과업처럼 더 큰 과업을 감당했다는 것을 우리는 확실히 안다. 그래서 그는 여기서 적어도 어느 정도 잘 했어야 했을 것이다.
4	그레데	사도적 리더십 : 1. 지명된 지도자. 2. 가르침/순종의 삶의 스타일에 안에 그것들을 뿌리내림. 3. 헌금 사명 부여.	여기서 요점은 리더십을 지명하는 것인데, 이것은 그레데의 상황에서 하나의 크리스천 삶의 스타일의 모델이 될 것이다.
5	달마티아	복음적 과업	알려지지 않음.

코멘트

이러한 사역 과업들이 큰 반면에, 사역 과업들은 매우 단순할 수 있다는 것을 명심해야 한다. 그러한 과업들을 책 읽기, 테이프 듣기, 개인 성경연구를 통해 얻은 노트를 복사하는 것, 등이다.

코멘트

사역 과업의 중요한 요소는 작은-큰 원리(Little Big Principle)인 눅 16:10과 관련이 있다. 작은 일에 충성하는 멘토리는 또한 큰 일에도 충성한다. 점진적으로 어려운 사역 과업들은 새로 출현하는 리더를 계발하는데 매우 효과적으로 사용될 수 있다.

3) 사역과업의 연속선과 디도의 예

새로 출현하는 리더들은 그들의 비공식 훈련의 초기에는 때로 그들의 멘토, 사부, 감독 혹은 다른 리더들에 의해 작은 과업들이 주어진다. 그 과업들은 비공식 혹은 공식적으로 작을 수 있다. 이러한 과업들은 때로 충성심, 순종, 은사의 사용, 주도권과 더 나아가 유용성의 척도가 된다. 하나님께서는 누가복음 16:10의 원리를 중요시 여기신다, "지극히 작은 것에 충성된 자는 큰 것에도 충성되고, 지극히 작은 것에 불의한 자는 큰 것에도 불의 하느니라." 사역 과업에 대하여 마음속에 기억해야 할 중요한 것은, 그 사역을 자신이 주도적으로 하였거나 다른 사람들에 의해 지정 받았든지 간에 궁극적으로는 하나님으로부터 온 다는 것이다. 궁극적인 책무감은 하나님께 있다. 새로 출현하는 지도자의 성숙의 표지중 하나는 이 사실의 인식과 사역 과업 안에서 주님을 기쁘시게 해 드리고자 하는 갈망이다.

작은 사역 과업는 리더십 잠재력의 척도일 수 있다. 초기 계발 단계에서 이러한 작은 사역 과업의 관점은 내적 삶의 성장 요소들(Inner-Life Growth Factors)이다. 사역 과업들이 이후의 계발 단계에서 주어졌을 때 이러한 요소들은 대개 사역 요소 밑에 있게 된다. 사역과업의 근본적인 관점은 초기 계발 단계에 있을 때에는 과업이 부여된 사람의 계발이다. 이후의 계발 단계에서의 과업들은 과업의 성취에 관점이 있게 될 것이다. 아래의 연속선은 이러한 관점들은 가리킨다. 사역 과업들은 과도기적 요소들이다. 그것들은(정직성/integrity, 순종과 말씀 점검/word checks 같은 것을) 시험한다. 그래서 그것들은 내적 삶의 성장 단계에 속한다. 또한 그것들은 사역 경험을 제공하고, 성장 사역 과정의 초기 단계의 사역 기술들을(다른 사역 프로세스 아이템들의 많은 것 같은 것을) 계발한다.

사역과업 연속선 – 누가복음 16:10의 실천

작은 것(Little)   큰 것(Much)

일차적으로   일차적으로
과업을 하는 사람   과업을 하는 것

코멘트

한 사람의 리더가 계발되는 동안에 그 리더가 연속선의 왼쪽의 사역 과
업을 가질 것이다. 비록 어떤 사역을 성취 할 지라도 그러한 과업의 대부
분은 그 리더의 성품을 형성하는 데 역사할 것이다. 그러나 그 주된 강조
는 그 리더를 통하여가 아니고 그 리더 안에서의 역사에 있는 것이다. 그
리더가 계발되면서 더 많은 책무들이 사역과업 연속선에서 더욱 오른쪽으
로 가게 될 것이다-- 그것들은 여전히 리더를 세울 것 이지만 그러나 그
과업의 성취에 더욱 더 강조가 될 것이다. 그런 다음 리더가 완전히 계발
되면서 책무들은 근본적으로 그 과업들을 하는 것이 될 것이다. 아래의 연
속선은 디도와 그의 사역 과업들을 확인해 주고 있다.

4) 디도의 사역과업을 사용한 예

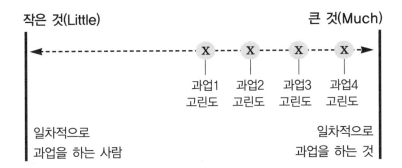

코멘트

우리는 디도에게 주어진 어떤 초기의 사역과업을 볼 수 없다. 고린도와 그레데에서의 과업과 관련된 책임은 계발이 잘 되고 있는 한 사람의 리더에게 주어진 것이다. 그러나 각 과업은 바울이 디도를 더욱 책임 있는 과업을 맡길 수 있다고 확신했다.

코멘트

중요성의 마지막 기록은 책무감의 인식과 관련이 있다. 사역과업의 책무의 궁극적인 근원은 하나님이다. 인간의 입장에서는 과업은 일상적이거나 당연하고 그렇게 중요하지 않은 것으로 보일 수 있다. 그러나 인간의 권위를 통한 과업의 궁극적인 책무는 하나님께 있는 것이다. 주어진 과업이 참으로 하나님으로부터 왔다는 것을 깨달을 수 있다는 것은 그 과업을 성취하는데 큰 열정과 하나님의 목적에 달성에 기여한다는 깨달음을 가져올 수 있다. 바울은 이러한 과업들의 인간 창작자이다. 그러나 디도는 그것들에 책임이 있었다-- 바울에게도 예(yes)이지만 궁극적으로 하나님께 책임이 있다.

5) 사역과업의 피드백

1. 다음의 사역과업들을 연속선위에 적절한 위치라고 생각하는 곳에 놓으시오.

　A. 빌 2:25　B. 눅10:1-12　C. 빌2:19　D.행13:1-3　E. 눅9:1-6　F. 행 11:22

사역과업	지명한 사람	기본 기능
A. 빌2:25		
B. 눅10:1-12		
C. 빌2:19		
D. 행13:1-3		
E. 눅9:1-6	12제자	(1) 하나님의 나라 출현: 치유, 축사 (2) 믿음을 시험 (3) 순종을 시험 (4) 영적권위를 경험
F. 행11:22		

2. 위의 1번 문제에서 주어진 과업에 대하여 아래의 문항을 채워 넣어서 사역과업을 범주화하시오. 필자가 예로서 E 문항에 눅9:1-6을 채워 넣었다.

3. 당신이 알고 있는 사역과업의 다른 성경적 예를 제시해 보시오.

_____

_____

_____

_____

_____

4. 가능하다면 당신이 경험한 사역과업에 대한 예를 들어 보시요.

	누 구	어떤 기능	결 과
a. 다른 사람에 의한 것:			
b. 당자이 주도한 것: 설명하시오.			

c. a문항의 당신의 예를 사역과업 연속선에 놓으시오.

일차적으로   일차적으로
과업을 하는 사람   과업을 하는 것

1. 당신의 답도 필자의 것만큼 좋을 것입니다. 필자의 답입니다.

  A. 빌 2:25 B. 눅10:1-12 C. 빌2:19 D.행13:1-3 E. 눅9:1-6 F. 행 11:22

작은 것(Little)   **큰 것(Much)**

◄----E --- B ------ F ------------ D ------- A C-----►

일차적으로   일차적으로
과업을 하는 사람   과업을 하는 것

2.

사역과업	지명한 사람	기본 기능
A. 빌2:25	에바브로디도	격려함/연합함/헌금사명을 확인함.
B. 눅10:1-12	72인	땅 테스트, 믿음 테스트, 하나님나라의 출현. 영적전쟁과 영적권위를 경험.
C. 빌2:19	디모데	목회, 연합함, 메시지 전달자.
D. 행13:1-3	바나바, 바울	전도와 교회론 이방 크리스천 삶의 스타일안에서 상황화를 경험함, 이방인 전도, 교회개척 그룹들.
E. 눅9:1-6	12제자	(1) 하나님의 나라 출현: 치유, 축사 (2) 믿음을 시험 (3) 순종을 시험 (4) 영적권위를 경험
F. 행11:22	바나바	말씀 테스트, 사도적 사역과업, 기독교의 이방 형식 판단, 영적권위의 경험과 계발, 크리스천 삶의 스타일과 가르침의 모델링.

3. 당신을 위해 이 부분을 남겨 놓겠다.

4. 이것은 필자의 초기의 것이다.

	누 구	어떤 기능	결 과
a. 다른 사람에 의한 것:	톰슨 목사	가정 성경 공부를 가르침의 책무 반복.	가르침의 은사를 계발함.
b. 당자이 주도한 것: 설명하시오.	자신이 주도	펄 샤툭(Paul Shattuck), 공군에 입대한 남자와 필자, 전기 기술자가 북쪽 오하이오주 작은 농촌 마을에서 청년을 위한 전도 집회를 개최함.	전도 집회에서 첫 설교. 농촌의 청년들에게 설교를 어떻게 상황화 하는지를 모른다는 것 배움.

c. a문항의 당신의 예를 사역과업 연속선에 놓으시오.

b   a
일차적으로
과업을 하는 사람

일차적으로
과업을 하는 것

1) 제한된 도제훈련

또 다른 고 책무 비공식 훈련 모델은 제한적인 도제훈련이다. 이것은 종결훈련을 확실히 하기 위한 시간 혹은 범위가 제한적인 비공식훈련 배경 속의 도제훈련이다.

정 의

제한된 도제훈련 모델은 제한된 시간동안 실제 사역 상황에서 아래와 같은 것들에 의해서 사부(master)라고 불리 우는 가르치는 자는 태도, 지식과 기술을 도제라고 불리우는 학습자에게 전수하는 사역중 비공식 훈련 모델이다. 그래서 훈련종결의 확률이 상대적으로 높다.

- 원하는 태도, 지식, 기술을 모델링 한다.
- 이러한 것들을 가르치고 설명한다.
- 도제가 연습해 볼 것을 요구한다.
- 도제를 평가하고 수정한다..

실 례

토걸슨(Torgerson)의 도제훈련 책무 모델은 이 모델에 개정된 형태이다.

실 례

도제훈련 책무 그룹은 마이크 해리스(Mike Harris)에 의해 쓰여 진 것이다.

코멘트

본질적으로 제한된 도제훈련 모델은 사부와 도제 사이의 일대일 헌신을 요구한다. 이 두 사람은 범위, 학습내용, 시간과 얼마동안 그들이 학습 과정을 위해 헌신할 것인지를 합의한다. 본질적으로 제한된 도제훈련 모델은 비공식 배경에 적합한 훈련의 종결 부분을 확인하기 위하여 최소 훈련 모델을 표준 도제훈련 모델에 적용하는 사부를 포함한다.

코멘트

이 모델은 성장 계약의 범주가 사부의 전문성에 제한되는 성장계약의 하나의 형태다.

코멘트

표준적인 도제훈련 모델의 모든 중요한 핵심들이 이 모델에 적용된다.

1) 성장 계약(Growth Contracting)

로이스 멕키니 박사(Dr. Lois McKinney)는 그녀의 "2개의 시나리오 (Two Scenarios)"라는 글에서 성장 계약의 사용에 대해 기술하고 있다. 그 중 하나의 시나리오에서, 어느 신학교 학생이 자격 있는 교수와 함께 앉아서 그가 성장하고 싶은 분야에 대해서 목록을 작성하였다. 그 다음 교수와 학생은 학습 활동, 자료들, 경험, 스케줄, 등에 관하여 어떻게 학습을 할 것인지를 합의 하였다. 그 과정은 학생이 유능한 교수가 사역을 하는 것을 관찰한 것을 많은 실습 훈련을 하는 것을 포함하고 있었고 그런 다음 교수와 함께 사역을 하는 것이었다. 본질적으로 졸업은 계약 안에서 세운 목표에 도달하는 것이다. 멕키니 박사는 (이상적으로) 공식적인 신학훈련 상황 가운데서 이 모델을 사용하는 것을 기술하고 있다. 그러나 이러한 모델은 비공식적 상황 속에서 유용성을 발견하는 것이 더 유망하다.

정 의

성장계약은 훈련자(facilitator)와 훈련생이 학습 목표, 학습 방법, 스케줄, 평가 방법, 책무에 대하여 합의하여서 훈련생이 학습목표에 도달할 수 있게 하는 훈련 모델이다.

실 례

열방기독대학(All Nations Christian College)은 학생들과 함께 성장 계약의 형식을 사용한다.

실 례

독립적 연구(Independent Directed Studies)는 세계선교대학원의 교과과정을 계약하므로 이 모델을 따른다고 할 수 있다.

코멘트

일반적으로 훈련자는 원래의 학습 목표를 확장시켜서 학습자가 가능하다고 생각한 것 이상으로 확장하도록 도전한다.

코멘트

학습의 책임은 학습자에게 지워져있다. 대부분의 학습 활동은 스스로 한다.

코멘트

평가와 책무에 대한 책임은 훈련자의 몫이다.

1) 개인 제자훈련(Personal Discipleship)

반드시 언급해야 하는 또 다른 높은 효과의 비공식 모델은 네비게이토 선교회의 도슨 트로트맨(Dawson Trotman)이 보여준 일대일 제자훈련 모델이다. 이 모델(이 모델의 변형들도)은 그 기술들을 통달(master)한 사람이 그것들을 배우고자 원하는 다른 사람에게 크리스천의 기본 기술들의 심도 깊은 전수를 요구한다. 그 기본적인 기술들에는 말씀을 공부하는 법, 기도하는 법, 자신의 믿음을 증거 하는 법, 다른 크리스천들과 관계하는 법, 순종하는 법, 등을 포함하고 있다. 이 모델은 도제훈련의 모델의 특별한 형태이다. 이것은 고 책무 모델이며 사부가 도제에게 삶을 전수하는 것이 가장 중요한 권위의 기초로서의 영적 권위에 의존한다.

정 의

개인 제자훈련은 제자 삼는 자(사부)와 제자(도제) 사이의 특별한 일대일 관계를 말하는데, 제자 삼는 자는 제자를 위해 크리스천 삶의 모델이 되고, 제자에게 기본 기술을 전수하고, 제자가 동일한 것을 재생산하는데 책임을 진다.

실 례

"삶을 마스터하라(Master Life)"는 일대일에서 그룹으로 적응된 개인 제자훈련을 고도로 체계화한 접근법이다. 그룹 안에서 개인 제자훈련이 고도로 체계화된 이런 접근법은 나라 사방에서 집중적인 세미나로 가르쳐지고 있다.

실 례

네비게이토 선교회의 "2:7 시리즈"는 개인 제자훈련 기술을 그룹에 적용시킨 또 다른 좋은 예이다. 제자훈련을 이런 접근법으로 그룹을 인도하는 훈련은 네비게이토 선교회를 통해서 가능하다.

실 례

제자훈련 기술의 다양한 형태는 더 대중적이 되어서 신학대학원같은 공식 훈련 상황에서도 있다. 전 싱가폴 네비게이토 선교회의 대표였던 데이브 도슨(Dave Dawson)은 성경대학과 신학대학원에서 심층적인 2-3학기 과정의 강좌를 체계화하였다.

종 결

개인 제자훈련은 지역교회와 같은 비공식 훈련 상황에서 매우 효과적으로 사용될 수 있다. 이 모델의 종결(Closure)은 일반적으로 제자가 제자 삼는 자가 되어 다른 한 명의 제자를 훈련시키는 방식이다.

심층적 연구

리차드 클린턴과 바비 클린턴의 저서, 『멘토 핸드북(The Mentor Handbook)』을 보시오, 하나의 고 책무 모델로서 심도 깊은 제자훈련의 멘토링의 개념을 발전시켰다.

코멘트

학습의 책임은 학습자에게 지워져있다. 대부분의 학습 활동은 스스로 한다.

1. 다음의 비형식 과정 모델들의 목록에서 '고 책무 모델'들 앞에 'H'를 써 넣으시오. 그리고 당신이 판단한 고 책무 모델들이 어떤 종류의 모델인지를 판단하시오.

　---- a. 사역 과업

　---- b. 모방 모델링

　---- c. 비공식 도제훈련

　---- d. 제한적 도제훈련

　---- e. 성장 계약

　---- f. 개인 성장 모델

　---- g. 개인 제자훈련

　---- h. 멘토링

2. 당신이 개인적으로 경험한 비공식 모델을 체크하시오.

　---- a. 모방 모델링

　---- b. 비공식 도제훈련

　---- c. 개인 성장 모델

　---- d. 멘토링

　---- e. 사역 과업

　---- f. 제한적 도제훈련

　---- g. 성장 계약

　---- h. 개인 제자훈련

3. 당신이 과거에는 사용을 하지 않았지만 앞으로는 사용하길 원하는 비공식 과정 모델은 어느 것인가? 당신이 사용할 수 있다고 생각하는 것을 골라 보시오. 그리고 당신이 그것을 어떻게 사용 할 것인지 간단히 설명하시오.

———— a. 모방 모델링

———— b. 비공식 도제훈련

———— c. 개인 성장 모델

———— d. 멘토링

———— e. 사역 과업

———— f. 제한적 도제훈련

———— g. 성장 계약

———— h. 개인 제자훈련

당신이 어떻게 사용할 것인 가에 대한 설명:

해 답(Answers)

1. x a. 사역 과업 – 목사/멘토 혹은 과업을 지정하는 사람

   x d. 제한적 도제훈련 – 사부

   x e. 성장 계약 – 촉매자(facilitator)

   x g. 개인 제자훈련 – 제자 삼는 자

2. 당신의 선택

3. 당신의 선택

필자는 앞에서 비공식 모델을 과정 모델(저 책무와 고 책무)과 위기/이벤트 모델들(높은 헌신 방법들)로 구성했다. 각각의 주요 특징은 다음과 같다. 저 책무 과정 모델은 평가 없이 관찰에 의하여 기본적으로 배우는 것을 포함한다. 고 책무 과정은 외부의 평가와 의식적인 학습을 포함한다. 두 가지 과정 모델 모두는 오랜 시간을 두고 배우는 것을 포함한다. 위기/이벤트 모델(높은 책무)은 정적인 학습을 확인하는 공적 책무로 특징지어 진다. 학습은 보통 단기간 동안의 고립된 활동의 형태로 일어난다. 이 모델의 주요 특징은 학습자를 정상적인 활동의 삶에서 집중적인 훈련의 형태를 포함한 특별한 상황으로 옮긴다는 것이다. 이런 적출(extraction) 훈련은 내적 가치의 빠른 변화를 가져온다. 훈련 종결의 최정점(climax)은 공식적인 책무를 할 수 있게 하는 축제의 이벤트이다.

정 의

위기 지향적인 비공식 모델들은 단기간동안의 활동을 통해 훈련을 한다. 이것은 리트릿, 워크샵, 캠프, 결혼 세미나, 등의 훈련 방법과 고립된 환경, 그리고 학습자가 훈련 방법을 통한 입력의 결과로서 변화된 어떤 내적 가치에 관계된 하나의 책무를 만드는 종결 이벤트 들을 포함하고 있다.

실 례

리트릿(retreat)

실 례

캠프(많은 2세대와 3세대 등이 캠프에서 예수 그리스도를 따르기로 결심했다)

실 례

벤 리펜의 더 깊은 삶의 수련회(Ben Lippen Deeper Life Conference)
혹은 이것과 동등한 영국의 케직 사경회(Keswick Conference)

코멘트

훈련 종결(Closure)은 개개인이 서약한 새로운 정서적인 가치를 따르기
로 하는 공개적인 책무(서약)를 허락하는 축하 이벤트를 가져온다.

모델의 4가지 중요핵심들

1. 일상적인 삶의 활동 밖의 하나의 이벤트
2. 정상적인 삶의 활동에서 벗어나 개인적인 것을 허락하는 고립된 환경
3. 개인적 삶의 스타일에 시각의 중요한 변화, 즉 패러다임의 전환을 가져
   오는 입력
4. 고립된 환경에서 개인이 경험한 새로운 가치에 공적 책무의 서약의
   경험을 정점에 이르게 하는 축하 이벤트

중요한 단점

대부분의 높은 헌신의 방법은 정서적인 결정의 확인을 할 방법이 없다.
만일 책무와 평가가 없다면 그 결정의 추진이 실패할 수도 있다. 더욱이,
이런 실패는 미래의 정서적 결정의 반대를 주입하는 하나의 형태가 된다.

한 사람의 효과적인 멘토가 많은 사람들을 멘토링 할 때 그/그녀는 이전에 멘토링을 받은 리더들의 그룹을 멘토링을 할 수 있다. 필자는 이것을 이전 멘토리들을 함께 그룹으로 멘토링하는 형식- 멘토 집단 그룹(Mentor Cluster Group)이라고 부른다.

설 명

멘토 집단 그룹은 공통적인 사역 관심을 나누는 동료들의 그룹인데, 함께 그룹으로 그들이 이전에 개인적인 멘토링(하향 멘토링: 코치, 영적인 인도,, 상담, 가르침, 현존 모델)을 받았던 한 사람의 멘토밑에서 공부하는 것이다.

코멘트

이 멘토는 어떤 것에 관하여 전문적 지식을 전달해 주고, 그룹은 공통적으로 성장과 학습에 관심이 있다.

코멘트

그룹은 차례차례 후의 멘토링 과제를 통해 각기 배우고 있는 것을 적용한다. 그리고 일반적으로 마지막 숙제로 훈련을 디자인하고 그들 자신의 멘토 집단 그룹을 이끌어 간다.

모델의 중요 핵심들

1. 동료의 그룹은 하나의 공통 사역 연구에 참여 한다.

2. 동료들은 지역적으로 가까이 있는 사람들이다.

3. 사부는 전문적 지식과 숙제를 준다. 이러한 하향 멘토링은 일반적으로 코칭, 가르침, 상담을 통한다. 입력을 셀프 스터디 자료들을 통해서 얻을 수 있다(예, 원거리 멘토링 경우). 사부는 지역적으로 가까운 지역 있지 않고 본업 외에 다른 분야에 진출 할 수 있다

4. 사부와의 정기적인 만남이 있고 전체 그룹은 자극을 받고 피드백을 하고 새로운 숙제를 받는다.

5. 동료들은 각자 사부로부터 개인적인 도움을 받는다.

6. 동료들은 각기 그룹 만남 시간들의 사이에 다른 동료로부터 수평적 멘토링을 받는다.

7. 동료들은 각기 그룹 안에서 다른 동료들에게 수평적인 멘토링을 해준다.

8. 사부는 그들을 개인적으로 만나는 동안 그룹의 역동성에 의해서 그룹으로 만날 때에 동료들에 대한 책무를 진다.

집단 그룹은 훈련 받을 수 있는 사람들의 공유한 공통성에 기초하고 있다. 그들은 지역적으로 집단을 이루거나 특별한 성장 필요나 그 밖의 필요의 조합에 의해서 형성된다. 집단 그룹은 사람들을 계발하는데 가장 생산적인 방법 중에 하나이다. 왜냐하면 즉시로 사용할 수 있는 의미 있는 입력을 제공하고, 계발되고 있는 학습 공동체의 본성에 기인한 이미 짜여 진 책무감이 있고, 일반적으로 그들은 자발적이고, 그래서 학습에 대한 호감이 위치적인 권위에 기인한 강제적이라기보다 영적 권위에 기초한다. 시간에 대한 디자인은 참가자들의 필요를 채우도록 다양하게 될 수 있다. 학습자들의 높은 동기 부여로 인한 연구의 많은 분야를 감당할 수 있다.

필자가 사용한 집단 그룹의 유형들은 다음과 같다.

집단 그룹

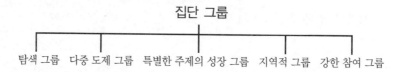

탐색 그룹　다중 도제 그룹　특별한 주제의 성장 그룹　지역적 그룹　강한 참여 그룹

코멘트

필자는 필자가 개발하기 원하는 과정들의 주제 영역들을 탐색하는 집단 그룹을 사용해왔다. 필자는 실제로 ML524 '초점이 맞추어진 삶 (Focused Life)'의 과정을 디자인하기 전에 15-20명의 큰 집단 그룹에 필자가 연구하고 있던 '초점이 맞추어진 삶'의 개념에 대해 실험적 실시를 해 보았다. 이를 통해 필자가 공적으로 이 과정을 시작하기 전에 이 개념에 대해 제안하고 피드백을 받도록 했다.

코멘트

필자는 4명의 경험 있는 선교사들의 작은 그룹을 인도한 적이 있는데, 우리들 각자 자기가 마스터한 어떤 기술 영역이나 기술을 다른 사람들이 배우도록 돕는 시간을 가졌다. 결과는 우리들 각자 그 그룹 안에서 다른 사람들의 마스터한 영역에서 성장을 경험했다.

코멘트

필자는 멘토리들이 배우기를 원하는 어떤 주제 영역이나 기술을 배우게 하기 위해서 멘토리들을 그룹으로 편성했다. 그들을 그룹으로 편성함으로 필자는 멘토링을 더욱 효율적으로 할 수 있었다. 필자는 멘토리들에게 다음의 주제들을 가지고 성경 해석학을 배우는 것을 돕기 위하여 두 번씩 이렇게 했다; 어떻게 시편을 연구할 것인가, 읽기 연속체를 통하여 어떻게 읽기를 배울 것인가, 어떻게 비유들을 연구할 것인가.

코멘트

리차드와 필자는 몇 개의 지역 집단 그룹들을 가르쳤다. 우리는 지역의 사람들의 네트워킹 접촉이나 시설들의 사용을 제공하기 위하여 그 지역 안에 후원하는 단체를 가지고 있었다. 우리는 그때 계속되는 진보와 책무를 위한 작은 그룹으로 2주에 한 번씩 만났고 3개월 동안 한 달에 한 번씩 전체 그룹이 만나는 계속적인 집단 그룹으로 섬기기 위한 지역 사람들을 모집하였다. 우리는 이러한 방법으로 지역 교회에서 멘토링을 소개했다.

코멘트

고린도 전 후서에서 다루고 있는 집단 그룹은 매우 참여적인 그룹이다. 이것은 각자가 사전에 사역을 준비할 것이고 집단 그룹에 가서 실제로 사역을 한다. 그리고 각자 사역후의 일을 할 것이다.

부록 1 책 전체의 요약 (Summary of Entire Book)

당신이 배운 것이 무엇인가?
다음의 각 장의 제목들을 보고
그 장에서 인상적이고
기억할 수 있는 것들을 쓰시오.
당신은 아마 각 장에서
많은 것을 쓰는 동안에
당신이 배운 것 중에
가장 중요한 한 가지를
골라내어 써보시오.

각 장(Chapter)	당신이 배운 것 (당신은 이 책을 다시 한 번 새롭게 보기위해 내용 목록(Table of Contents)을 다시 보아도 좋습니다.)
제1장: 공식 훈련의 두 가지 철학	
제2장: 홀랜드와 개정된 시스템 모델의 개관	
제3장: 개정된 홀랜들의 두 트랙의 비유-자갈밭, 트랙 1, 트랙 2, 가로지르는 침목	
제4장: 개정된 시스템 모델의 확장- 요소 1, 요소 2	
제5장: 개정된 시스템 모델의 확장- 요소 3, 요소 4	
제6장: 3가지 훈련 유형에 관한 더 많은 것들	
제7장: 공식 훈련 모델들	
제8장: 무형식 훈련 모델들	
제9장: 비공식 훈련 모델들	

부록 2 참고 문헌 목록 (Bibliography)

Comment : Some of these papers are no longer available. I include them for completeness sake since many are mentioned in the Chapters.

Adkins, Roger
1982 "An Analysis of the Intensive Training Program." Pasadena: School of InterCultural Studies, unpublished paper done in conjunction with the course ML 531 Leadership Training Models.

Block, J.H.
1971 **Mastery Learning Theory and Practice.** New York: Holt, Rinehart and Winston.
1974 **Mastery Learning in Classroom Instruction.** New York: Macmillan Publishing Co. Inc.

Bloom, Benjamin et. al.
1968 "Learning for Mastery," in OCLA–CSEIP Evaluation Comment, 1, No.2 Adapted and reprinted in J. H. Block, Mastery Learning Theory and Practice.
1971 **Taxonomy of Educational Objectives/ Handbooks I and II.** Longman, U.K.: David McKay Co., U.S.
1981 **Evaluation to Improve Learning.** New York: McGraw Hill Book Company.

Carrol, John B.
1963 "A Model of School Learning" in Teachers College Record, 64, (1963), 722–33.
1970 "Problems of Measurement Related to the Concept of Learning for Mastery" reprinted in J.H. Block, **Mastery Learning Theory and Practice,** pp. 29–46.

Clinton, Bobby
1982 "Preparing Instructional Objectives." Pasadena: School of World Mission, unpublished programmed instructional and information mapped module for use in ML 561 Programmed

Instruction class.

1985a **Spiritual Gifts.** Alberta, Canada: Horizon House Publishers.

1985b **Leadership Training Models READER.** Altadena: Barnabas
Resources.

1985c **ML 531 Leadership Training Models Syllabus.** Pasadena:
School of World Mission, Unpublished course syllabus.

Dawson, Dave
1982 **Equipping the Saints,** 4 Volumes. Greenville, Texas: ETS
Ministry.

Dollar, Harold
1978 "Lawrence Kohlberg's Theory of Moral Development:
A Discussion." Pasadena: SWM, unpublished paper.

Downey, Raymur J.
1982a "Church Growth and Leadership Styles: Implications for
Ministerial Formation in Zaire." Pasadena: School of
InterCultural Studies/ unpublished doctoral tutorial.

1982b "In-service Ministerial Formation: The Perspective of Jesus
Training methodology." Pasadena: School of World Mission,
unpublished doctoral tutorial.

1982c "Patterns of Leadership Training in Zaire." Pasadena:
School of World Mission/ unpublished doctoral tutorial.

DuBose, Francis
1978 **How Churches Grow in an Urban World.** Nashville:
Broadman.

Ford, LeRoy
1978 **Design for Teaching & Training: A Self Study Guide to
Lesson Planning.** Nashville: Broadman Press.

Fowler, James W.
1981 **Stages of Faith -- The Psychology of Hunan Development
and the Quest for Meaning.** San Francisco: Harper and Row.

Gerber, Virgil

1980 Discipling Through Theological Education by Extension:
A Fresh Approach to Theological Education in the 1980s.
Chicago: Moody Press.

Gregory, John Milton

1917 The Seven Laws of Teaching. Grand Rapids: Baker Book
House.

Harris, Mike

1983 "An Analysis of an Apprenticeship Accountability Group."
Pasadena: School of InterCultural Studies/ unpublished
leadership training analysis paper done in conjunction with
ML 531 Leadership Training Models.

Harrison, Patricia

1982 "T.E.E.--Rural Experiment in Australia" in The
International Review of Mission/ Vol. LXXI No. 282 Apr., pp.
185–192.

Hillis, Dick

1982 "And There Accompanied Paul . . ." in Church growth
Bulletin, Mar–Apr 1982, Vol. XIX, NO. 2.

Holland, Fred

1978 Theological Education in Context and Change. Pasadena:
School of World Mission/ unpublished Doctor of Missiology
Dissertation.

Jeng, Timothy

1982a "Evangelism Explosion Training Program Evaluation--
LACC." Pasadena: School of InterCultural Studies/
unpublished paper done in conjunction with the course
ML 531 Leadership Training Models.

1982b "Masterlife discipleship Training (A Report and An
Evaluation of a Masterlife Workshop)." Pasadena: School of

InterCultural Studies/ unpublished paper done in conjunction
with the course ML 531 Leadership Training Models.

Kinnear, Angus
1974   **Against The Tide.** Fort Washington/ Pa.: Christian
        Literature Crusade. Knowles/ Malcolm
1980   The Modern Practice of Adult Education––From Pedagogy
        to Andragogy. Chicago: Follett Publishing.

Kolb, David A.
1984   **Experiential Learning.** Englewood Cliffs, N.J.: Prentice–
        Hall, Inc.

Kornfield, David
1980   **Socialization for Professional Competency of Protestant
        Seminarians in Latin America.** Chicago: U. of Chicago.

Krathwohl, David R. et. al.
1964   **Taxonomy of Educational Objectives: Affective Domain.**
        New York: McKay.

Lang, George
1981   "Ministerial Training in Historical Perspective" in **Leadership
        Training Models READER** edited by Clinton, pp. 3–39.

Lillie, Terrie
1982   "An Analysis of the Taiwan Search Team Training
        Program" in **Leadership Training Models READER/**
        edited by Clinton/ pp. 168–192.

Mager, Robert F.
1962   **Preparing Instructional Objectives.** San Francisco/ Ca:
        Fearon Press.
1968   **Developing Attitude Toward Learning.** Belmont/ Ca:
        Fearon Press.
1972   **Goal Analysis.** Belmont/ Ca: Fearon Press.
1972   **Measuring Instructional Intent.** Belmont/ Ca: Fearon Press.

Maranville, Randy

1982 "Samuel Mills?–Leadership Selection Process Paper." Pasadena: School of InterCultural Studies/ unpublished leadership study done in conjunction with the class ML 530 Leadership Emergence Patterns.

McConnell, Doug

1983 "Leadership Training Models Exercises." Bantz/ Papua New Guinea: unpublished notes done in conjunction with the course ML 531 Leadership Training Models at Christian Leaders Training College.

1984 "Personal Leadership Selection Study." Pasadena: School of InterCultural Studies/ unpublished leadership study done in conjunction with the class ML 530 Leadership Emergence Patterns.

McGavran, Donald A.

1970 **Understanding Church Growth.** Grand Rapids: Eerdmans Publishing Company.

McKinney, Lois

1980a "Theological Education in the 1980s: Two Scenarios" in Gerber's **Discipling Through T.E.E.**/ pp.17–30.

1980b "Leadership: Key to Growth of the Church, in Gerber's **Discipling Through T.E.E.**, pp. 179–191.

Montgomery, James and McGavran/ Donald A.

1980 **The Discipling of a Whole Nation.** Santa Clara/ Ca.: Global Church Growth Bulletin.

Mulholland, Kenneth

1976 **Adventures in Training the Ministry: A Honduras Case Study in Theological Education by Extension.** Phillipsburg, N.J.: Presbyterian and Reformed Publishing Co.

Naisbitt, John
1982   **Megatrends.** New York: Warner Books.

Pagliuso, Susan
1976   **Understanding Stages of Moral Developnent: A Programmed Learning Workbook.** New York: Paulist Press.

Patterson, George
1981   **Church Planting through Obedience—Oriented Teaching.** Pasadena: William Carey Library.

Pedenf, Ivan
1982   "Andrew Murray: Saint of South Africa." Pasadena: School of World Mission/ unpublished Leadership study done in conjunction with the class ML 530 Leadership Emergence Patterns.

Popharri, W. James
1973   **The Uses of Instructional Objectives** Belmont/ Ca: Fearon

Popham, W. James et. al.
1970   **Establishing Instructional Goals** Trenton, N.J.: Prentice—Hall.

Rambo, David
1981a   "Patterns of Bible Institute Training Overseas" in **Leadership Training Models READER/** edited by Clinton/ pp. 40–49..
1981b   "Theological Education by Extension: What is it Accomplishing?" in **Leadership Training Models READER/** edited by Clinton/ pp. 50–62.
1981c   "Crisis at the Top: Training High Level Leaders" in **Leadership Training Models READER/** edited by Clinton/ pp. 63–72..
1981d   "Leadership for the Cities: Facing the urban Mandate" in **Leadership Training Models READER/** edited by Clinton/ pp. 73–84.

Rand, Ron n. d.
1984   **The Evangelism Helper.** Cincinnatti: Rand Associates.

Roth, Greg

1984   "An Analysis of the Helper Evangelism Training Program".
        Pasadena: School of World Mission/ unpublished training
        analysis paper done in conjunction with ML 531 Leadership
        Training Models.

Steinaker, Norman W. and M. Robert Bell

1975a   "A Proposed Taxonomy of Educational Objectives: The
        Experiential Domain" in **Educational Technology**/ Jan 1975.

1975b   "A Model for Developing classroom Experiences through
        the Experiential Taxonomy" in **Educational Technology**/
        Nov 1975.

1976   "An Evaluation Design Based on the Experiential
        Taxonomy" in **Educational Technology**/ Feb 1976.

1979   **The Experiential Taxonomy: A New Approach to Teaching
        and Learning.** New York: Academic Press.

Teague, Dennis

1983   "Design Strategy for training New Believers." Pasadena:
        School of World Missions/ unpublished paper done in
        conjunction with ML 562 Strategizing for Leadership
        Training.

Teorgeson, Steve

1982   "A Case Study and Evaluation of the Apprenticeship
        Model." Pasadena: School of World Mission/ unpublished
        paper done in conjunction with ML 531 Leadership Training
        Models.

Ward, Ted

n.d.   "The Split-Rail Fence: Analogy for Professional Education" in
        Extension Seminary/ no. 2, page 5.

Weber, Max

1957   **The Theory of Social and Economic Organization.** New York:
        Free Press.

Winter, Ralph D.
1969   Theological Education by Extension. Pasadena:
        William Carey Library.

Zahn, Theodore
1909   Introduction to the New Testament/ Vol. II. . Edinburgh:
        T. & T. Clark.

Index of Important Maps--Alphabetically Arranged

혀를 다스리는 지혜

별 것 아닌 말이 사람들에게 문제가 될까 안 될까?

당신은 자신의 말이 어떤 영향을 미칠지 걱정하지 않고 언제든 자유스럽게 말할 수 있는가? 물론 그렇지 않을 것이다. 장난으로 던진 돌에 개구리가 맞아 죽는다는 옛이야기처럼, 우리의 대화중에 나타나는 잘못된 말이나 잘못된 태도는 몽둥이질이나 돌팔매질과 같은 상처를 입힐 수 있다. 비록 뼈를 부러뜨리는 것은 아니지만, 비방이나 험담, 거짓 속임수, 자랑, 불평의 말들은 다른 이들의 마음에 크나큰 상처를 입힌다. 당신은 당신의 말이 사람들과의 관계에 얼마나 큰 영향을 끼치고 있는지 정말로 알아야 한다.

멜죠셉 M. 스토웰 지음 | 이지영 옮김 | 신국판 256쪽 | 각권 10,000원

급하고 강한 바람처럼 1·2

사도행전에 나타난 성령의 역동적인 사건이 우리 시대에 재현되었다.

인도네시아 공산주의자들의 구데타가 있기 4일 전, 하나님은 알려지지 않은 [티모르]섬의 한 작은 마을을 강권적으로 성령을 부어주시기 시작했다. 그 분은 그리스도인들이 깨어 기도하게 하셨으며, 그로 말미암아 인도네시아는 공산주의자들의 변란에서 기적적으로 구원되었다. 그후 즉시 평신도 전도팀이 구성되었고, [티모르]와 주변 섬들로 다니며 병자를 치료하고, 죽은 자를 일으키며 복음을 전파하는 운동이 일어났다. 이 지구 상에 최초로 성령이 [급하고 강한 바람처럼] 강림 했던 오순절적인 역사가 우리 세대에 재현된 것이다.

1권 멜 태리 지음 | 정운교 옮김 | 신국판 200쪽 | 7,000원
2권 멜, 노나 태리 지음 | 정운교 옮김 | 신국판 240쪽 | 7,000원

교회의 개혁자 요한칼빈

칼빈 탄생 500주년 기념 칼빈평전

칼빈주의 학자로서 칼빈과 칼빈주의 연구에 평생을 바친 저자는 본서를 통해 학적인 칼빈의 신학을 다루기보다는 교회의 개혁자로서 칼빈의 사상, 삶과 그의 신학을 52주제로 선정하여 일반 독자들도 아주 쉽게 이해할 수 있도록 간단명료하게 기술하였다. 이 책은 칼빈 탄생 500주년을 기념하는 시점에서 그를 이해할 수 있는 가장 적실한 책으로써 높이 평가될 것이다.

정성구 지음 | 신국판 변형 | 양장 | 304쪽 | 13,000원

리더 계발을 위한 훈련 프로그램
**독특한 상황에 맞는 훈련모델을 결코 돈으로 살 수 없을 것이다.
그 상황에 맞는 훈련 모델을 디자인 해야만 한다.**

■ 이 시대에 한국교회의 상황을 보면 리더와 리더십의 이슈
가 중요한 이슈로 떠올라서 그에 관한 관심도 고조되고 있고,
리더십 책들도 많이 팔리고 있다. 우리는 역사와 경험을 통하
여 한사람의 지도자의 중요성을 너무나도 잘 알고 있다. 한 사람의
정치 지도자에 의해 한 국가의 운명이 좌우되고, 지도자 한 사람의
영향력에 의해 한 도시와 마을, 각 단체들 그리고 개 교회까지도 결
정적으로 영향을 미치게 되는 것을 우리는 쉽게 볼 수 있다. 인류의 역
사상 최고의 리더십인 예수님께서 그의 제자들을 훈련을 통하여 변화시
켰다. 여기에서 중요한 원리는 사람은 훈련을 통하여 변화된다는 사실
이다. 이 책은 크리스천 리더십의 계발과 훈련에 초점이 맞추어져 있
지만, 한 지역교회나 선교단체에 있어서도 똑같은 원리가 적용된다.
지역교회의 리더인 담임목사가 변화되면 그 교회는 반드시 변화된다.
담임목사가 성장하면 그 교회는 성장하는 것이 자연스럽고 당연한
결과이다.

■ 예수님께서도 예수님을 계승할 열 두 제자를 부르시어 교육만이
아니라 공생애동안 그의 제자들을 훈련을 통하여 그들의 리더십을
계발하셨던 것이다. 그러므로 우리에게 절실히 필요한 것은 리더십
계발을 위한 성경적이고 효과적인 훈련학과 훈련 모델론이다.

Printed in Korea

03230

9 788992 320849
ISBN 978-89-923-2084-9

값 15,000원